CW00828723

RAIMON SAMSÓ

El código del dinero

Conquista tu libertad financiera

EDICIONES OBELISCO

Si este libro le ha interesado y desea que le mantengamos informado
de nuestras publicaciones, escríbanos indicándonos qué temas son de su interés
(Astrología, Autoayuda, Ciencias Ocultas, Artes Marciales, Naturismo,
Espiritualidad, Tradición...) y gustosamente le complaceremos.

Puede consultar nuestro catálogo en www.edicionesobelisco.com

Colección Éxito
EL CÓDIGO DEL DINERO
Raimon Samsó

1.ª edición: septiembre de 2009

Maquetación: *Mariana Muñoz Oviedo*
Corrección: *José Neira*
Diseño de cubierta: *Enrique Iborra*

© 2009, Raimon Samsó
(Reservados todos los derechos)
© 2009, Ediciones Obelisco, S. L.
(Reservados los derechos para la presente edición)

Edita: Ediciones Obelisco S. L.
Pere IV, 78 (Edif. Pedro IV) 3.ª planta, 5.ª puerta
08005 Barcelona - España
Tel. 93 309 85 25 - Fax 93 309 85 23
E-mail: info@edicionesobelisco.com

Paracas, 59 C1275AFA Buenos Aires - Argentina
Tel. (541-14) 305 06 33 - Fax: (541-14) 304 78 20

ISBN: 978-84-9777-576-2
Depósito Legal: 27.262-2009

Printed in Spain

Impreso en España en los talleres gráficos de Romanyà/Valls S.A.
Verdaguer, 1 - 08786 Capellades (Barcelona)

A mis padres.

Les dediqué mi primer libro y repito en el décimo.

En la lotería de los padres, a mí me tocó el primer premio:
me dieron amor, conocimiento y libertad.

Seguramente porque eso es lo que ellos *son*.

Mi gran deseo es que todos los padres del mundo
reciban algún día unas palabras parecidas.

Introducción

Sé que para conseguir algo distinto es preciso antes *ser* una persona *distinta* y hacer cosas diferentes. Cualquier ámbito de nuestra vida mejora cuando nosotros mejoramos, pero no antes. Siempre en este mismo orden. El dinero no es ajeno a esa regla. De modo que para que nuestra economía cambie, antes tendremos que «cambiar» nosotros. Este libro trata sobre ese cambio personal y sobre hacer cosas diferentes.

En mi trabajo diario con personas, he comprobado que éstas muy a menudo desean que sus circunstancias mejoren sin mejorar antes su mentalidad. La ley del orden nos enseña que «somos nuestras creencias». Y que no se pueden forzar las circunstancias externas para convertirlas en lo que uno no *es*. La pregunta que cualquiera deberá formularse tarde o temprano es: ¿concuerdan mis creencias con mis deseos?

Es paradójico pero las personas que más necesitan cambiar precisamente son las más reacias al cambio, las más inflexibles. Tal vez piensan que cambiar sus opiniones sea un síntoma de debilidad. A la vez, se sienten incómodas cuando escuchan que es su propia inflexibilidad lo que les separa de lo que desean.

Este libro propone cambios en las creencias sobre el dinero. Sin esa apertura, todas las respuestas que contiene pasarán inadvertidas. *El Código del Dinero* proporciona una información que adquiere significado desde cierto tipo de mentalidad, la que este libro propone desarrollar en el lector que se halla listo para abrazarla. *El Código del Dinero* proporciona las respuestas a las preguntas que todos nos hemos formulado sobre la libertad financiera; sin embargo, sé de antemano que no todas se recibirán con agrado.

En realidad, no creo que existan problemas, sino soluciones que no gustan. Nuestros problemas, desde luego, no están en el mundo sino en las percepciones de la mente que lo contempla. Y las soluciones definitivas a los problemas de dinero requieren desaprender todo aquello que ha demostrado no funcionar hasta la fecha. Este libro propone un cambio de los paradigmas estereotipados sobre el dinero.

Está dicho que cada vida es un reflejo de las decisiones, hábitos, elecciones, creencias, emociones y comportamientos que han conducido justo hasta el momento presente. Y mientras quede alguien que crea que sus problemas de dinero no tienen nada que ver con su mentalidad y comportamiento, habrá sufrimiento por asuntos de dinero.

He comprobado que los problemas económicos no están causados por el dinero sino por los patrones mentales sobre él. La economía personal, en condiciones normales, es el reflejo de patrones mentales, de decisiones y conductas. He concluido que el dinero, en realidad, se *hace* en la mente.

Casi todo lo que una persona promedio sabe sobre el dinero se basa en opiniones condicionadas que ha ido acumulando a lo largo de su vida. El éxito económico es una clase de programación mental (cifras con muchos ceros) y el fracaso económico es otra clase de programación (cifras con pocos ceros). En ambos casos, todo se reduce a la clase de software o programación instalada en el cerebro: un programa perdedor o uno ganador en el juego del dinero. La lectura de este libro ayudará a las personas a reprogramarse para conseguir prosperidad.

La diferencia entre las personas que manifiestan prosperidad y las que no, radica en que las primeras aplican fórmulas *útiles* y las segundas fórmulas *inútiles*. Este libro te enseñará a distinguir unas de otras. Te propongo que lo estudies, llévalo a todas partes, como un buen compañero, hasta que domines su contenido. Es un libro para leer, releer, subrayar y anotar. Quisiera que fuese tu libro de cabecera como emprendedor de tu negocio personal. Y quisiera que me considerases tu *coach* financiero. Puedo ayudarte a mejorar tu relación con el dinero.

Lo que sigue es una lista de las mayores mentiras sobre el dinero que he escuchado. Son mitos sin fundamento, supersticiones y prejuicios. He comprobado que hay más problemas ocasionados por «lo que uno *sabe* y no es cierto» que por lo que no sabe. He aquí algunas (no todas) de esas creencias irracionales sobre el dinero: *no me interesa el dinero, no puedes ser rico y espiritual, para hacerse rico hay que trabajar mucho, pobre pero honrado, es más noble y espiritual ser pobre, los ricos son gente mala, no puedes divertirte y ganar dinero, no soy buena con el dinero, si yo gano es que alguien pierde, no hay suficiente dinero para todos, más vale malo conocido que bueno por conocer, el dinero no es importante, el dinero corrompe, cuanto más ganas más impuestos pagas, el dinero no da la felicidad, el dinero es sucio…* Sólo el hecho de mencionarlo y escribirlo, me agota. ¿Entiendes ahora por qué hay tantos problemas económicos?

Si te has reconocido en alguna de estas creencias, no te incomodes, no te culpabilices; en realidad lo importante no es lo que has creído hasta este día, sino lo que elijas creer de ahora en adelante. Seamos claros en esto, yo creo que es perfectamente compatible el que te vayan bien las cosas y hacer un gran bien a los demás.

Las personas, por lo general, no relacionan sus creencias con el dinero porque les parecen ¡cosas desvinculadas! En este libro explico por qué sí tienen relación. Mis años en la banca me han enseñado que la prosperidad es un «equipaje mental».

Todas las personas que han entrado en contacto con las ideas expuestas en este libro, y que desarrollo en mis cursos, han cambiado de algún modo su economía. Mi deseo es contribuir a la formación financiera de las personas para aliviar el sufrimiento por motivos económicos. Este libro también trata sobre el cambio que el mundo está experimentando y que nos pide una nueva mentalidad porque sé que cuando cambian las reglas del juego es preciso reajustar el modo de jugarlo. ¿Conoces las reglas de la nueva economía? Te contaré lo que sé sobre esto.

Ahora mismo, existen millones de personas en todo el mundo –que tienen un sueldo pero no *tienen* una vida– suspirando por conquistar la libertad financiera, deseando deshacerse de su ocupación y crear un nuevo estilo de vida con significado. Creo que todos necesitamos, ya lo manifesté en su día, una sacudida, un *shock* para despertar del sueño que mantiene a tanta gente atada a un empleo que no aman, que no les hace ni libres ni ricos. Pero no está en mi voluntad ofender a nadie que lea este libro, ni imponer mis opiniones a las suyas. Por favor, pido que nadie se tome lo que está apunto de leer como un asunto personal. Por mi parte, me comprometo a escribir sobre el dinero a las claras y sin rodeos.

Cuando me refiera al sistema educativo, por favor, que ningún profesional de la enseñanza se sienta aludido. Para mí los docentes, a todos los niveles, son héroes y heroínas que hacen mucho con poco. Mi hermana es profesora en un instituto, trabaja con adolescentes, y sé de primera mano que su día a día es más duro de lo que cualquiera de nosotros pueda imaginar. Mi aprecio y respeto para todos esos profesionales.

La presente obra consta de dos partes: «Libertad Financiera» –el Código del Dinero– y «De Empleado a Emprendedor» –el Código del Dinero en acción–. La primera parte se enfoca sobre la actitud, la segunda sobre la aptitud, la cara y la cruz de la misma moneda: el éxito económico. Me he esforzado en explicar conceptos financieros en el lenguaje de cada día para que todo el mundo pueda entenderlo, espero haberlo conseguido.

En la primera parte examinaremos: qué está ocurriendo, por qué hay problemas económicos y cuáles son los obstáculos a la libertad financiera, qué es la inteligencia financiera y la libertad financiera. Te revelaré lo que no se enseña en la escuela y mantiene atrapadas a las personas en la carrera por la supervivencia. Conocerás los tres roles que eligen las personas para obtener sus ingresos. Aprenderás el vocabulario de la riqueza. Descubrirás la novena maravilla del mundo: los ingresos pasivos y finalmente descifrarás el Código del Dinero.

En la segunda parte sabrás: cómo piensa y se conduce un emprendedor, cómo evitar los errores más comunes, no desgastarte en un autoempleo, la importancia de contar con un súper producto y un sistema perfecto que funcione solo, cómo empezar y con qué medios, aplicar un marketing irresistible, desarrollar las habilidades del emprendedor, cómo conseguir más con menos gracias a las palancas, cómo promocionarte con chispa, elegir tu cliente ideal, posicionar tu marca personal y utilizar el poder de Internet para hacer «estallar» tu negocio personal.

El Código del Dinero contiene información que dinamitará los esquemas mentales que no hacen a las personas libres ni prósperas. Lo sé y por esa razón quiero prevenirte. No diré qué hacer, cuándo ni cómo; ni qué negocios funcionan y cuáles no. El objetivo de este libro es desatar el coeficiente de Inteligencia Financiera en todos sus lectores. Lo que cada uno haga después es su elección y su responsabilidad.

Este libro es para la gente que está empleada –pero no está satisfecha– y también para los que ya poseen su propio negocio personal –pero sienten que deben conducirlo al siguiente nivel–. Lo escribí para las personas que están listas para mejorar su economía. Es un libro para todos porque todos manejamos dinero cada día.

RAIMON SAMSÓ

Libertad Financiera
(El Código del Dinero)

1

Conquista tu libertad financiera

Este es el capítulo más sencillo del libro porque no se trata de aprender sino de desaprender. Cualquier cosa que desees conseguir llegará después de un proceso de sustracción, no de adición. No busques la libertad financiera, mejor deshazte de todas las barreras que has levantado entre tú y ella. Desarmados los obstáculos nada os separará ya. Este libro está pensado para que desaprendas lo que creías saber sobre el dinero y simplemente no es verdad.

Voy a hacerte una confesión.

Mis ingresos, en la actualidad, no provienen de mi educación convencional. Mi actual libertad financiera tampoco es fruto de mis estudios universitarios. Los años que pasé estudiando macroeconomía, matemáticas financieras, estadística, econometría, historia económica o derecho mercantil no me han hecho ganar ni un euro en toda mi vida. Lástima de tiempo.

Confieso que lo que aprendí sobre el dinero, y merece la pena saberse, no me lo enseñaron en la universidad donde me licencié en ciencias económicas—, y tampoco en las tres empresas multinacionales donde ocupé cargos financieros, o en los tres bancos en los que trabajé. En realidad, el Código del Dinero lo aprendí creando mi propio sistema de ingresos múltiples; y en estas páginas lo compartiré contigo.

Sí, durante mi proceso de transición de empleado a emprendedor aprendí algunas lecciones esenciales. Y este libro es la quintaesencia del período más interesante de mi vida. Cada vez más personas me consultan sobre cómo efectuar su transición profesional de empleado a emprendedor y yo siempre les sugiero un proceso de *coaching* que les apoye y plantearse una transición suave, bien planeada, nada traumática. Iniciar una actividad profesional con independencia no es un proceso sencillo, es preciso vencer la fuerza de la inercia, además de los temores, mucho coraje y compromiso, además de disciplina y paciencia sin límites. También sugiero empezar en pequeño, invirtiendo poco dinero pero mucho talento y creatividad, porque sé que al principio se cometen errores.

Paciencia y disciplina infinitas son las actitudes más rentables.

La clave, como siempre y en todo, está en amar y disfrutar del proceso. Si las metas son importantes, el proceso aún lo es más. El gran regalo de la vida es en *quién* te conviertes mientras persigues tus metas. Con el dinero sucede igual, consigues más si no te enfocas en hacer dinero sino en disfrutar mientras sirves a las personas. Si lo planteas así, ten por seguro que el dinero llegará sólo.

El secreto para conseguir dinero no es perseguir el dinero.

Cuando no *necesitas* dinero de un modo apremiante es mucho más sencillo *crear* riqueza. Cuando lo necesitas de inmediato tus posibilidades se reducen y todo lo que puedes hacer es trabajar por dinero. Por eso suelo decir que la prosperidad económica no se consigue en un trabajo sino fuera de él.

La prosperidad es un efecto y su causa son las creencias sobre el dinero y la educación financiera. Todo aquel que aprenda cómo activar las causas de la prosperidad, conseguirá inevitablemente riqueza material. «Dentro de cada vida se hallan las causas de lo que entra en ella» (F. W. Sears, autor de *Cómo atraer el éxito*). Es cierto, el dinero ama a quien ama el proceso, no a quien ama el resultado. Lo primero es la causa y lo segundo el efecto. Una estrategia centrada en los efectos es tan absurda como esperar ganar la lotería sin haber comprado un billete.

El dinero es el efecto inevitable de activar sus causas. ¿Las conoces?

Deberían enseñarnos de pequeños que éste no es un mundo de cosas sino de «ideas solidificadas». Que la realidad es una emanación de la mente. Y todo lo que ocurre en el mundo material antes ha sido creado en la mente individual o colectiva. «Si lo ves en tu mente lo verás en la realidad», pero si no puedes crearlo en tu mente no estará en ningún lugar. Sí, «los pensamientos son cosas», repítelo conmigo para no olvidarlo. El dinero también es una idea, un concepto, así que deberás *crearlo* antes en la mente. Puesto que tienes la capacidad de crear pensamientos puedes crear riqueza.

¿El dinero es una idea? ¡El dinero es una idea!

Parece un juego de palabras ingenioso pero no lo es. Es un concepto sólido, casi puede tocarse porque es real. El dinero es un amplificador de tus creencias, expande aquello que ya está en ti. Si tu programación proviene de una mentalidad pobre, el dinero escasea; si tu programación proviene de una mentalidad rica, el dinero abunda. El dinero revela la idea que tienes del mismo, ni más ni menos. Permíteme la siguiente metáfora: las personas llevan incorporado un «termostato mental» que marca el límite máximo sobre el dinero que se permiten a sí mismas. ¿Qué «temperatura económica» marca tu termostato? Es fácil averiguarlo: examina tu declaración de renta, tus extractos bancarios, las cifras de tus ingresos... No te pongas excusas en esto, son el «termómetro» que señala tu límite interior.

Pensamientos *pobres*, comportamientos *pobres*, resultados *pobres*. Pensamientos *ricos*, comportamientos *ricos*, resultados *ricos*.

Algunas personas afirman: «El dinero no es importante». Estoy de acuerdo y, a la vez, no lo estoy. Tengo argumentos para ambas tesis: para quienes dicen que sí lo es y para los que dicen que no lo es.

Para quienes dicen que el dinero no es importante:

Por lo general, lo afirman personas que viven con lo justo y hacen ese comentario con un suspiro. Sus creencias se reflejan en su economía y no disponen de suficiente dinero porque para ellas «no es importante». Yo me pregunto: ¿cómo podrán conseguir aquello que no valoran? Porque cuando declaran que algo «no es importante», lo que hacen es alejarlo de sí mismas. Tengo unas preguntas para quienes afirman que el dinero «no es importante»: si no lo es, entonces ¿por qué pasan 40 horas, o más, a la semana en un empleo durante 40 años o más?, y ¿por qué aceptan una nómina a final de mes? Si no es importante, entonces es que no es necesaria... ¿o sí? ¿Ves como sí es importante? Dos preguntas adicionales para quienes aún no lo tengan claro. Una: ¿Si mañana dispusieran de cien millones de euros, harían lo mismo de la misma manera y durante las mismas horas al día? Dos: ¿Si les quedaran cinco años de vida seguirían haciendo lo mismo?

Para quienes dicen que el dinero sí es importante:

Por lo general no desean pasarse la vida trabajando para ganarlo. Dado que no desean estar siempre pendientes del dinero, resuelven ese tema de una vez por todas. Zanjan esa cuestión cuanto antes y pasan a disfrutar de la vida. Aprenden las reglas del juego del dinero y las aplican. Se forman financieramente. Hacen los deberes y no esperan a última hora para prepararse el examen. Como es un asunto importante para ellos, lo resuelven pronto y luego se dedican a vivir.

Sir Richard Branson, creador del imperio Virgin, afirma que todas las personas que se acercan a él le preguntan cuál es su secreto, cómo gana dinero, pero lo que Branson percibe es que en realidad lo que la gente quiere saber es cómo *ellos* pueden ganar dinero, ya que, según él, todo el mundo quiere ser millonario. La respuesta que les ofrece es la siguiente: «Intento pasarlo bien. ¿De qué sirve pasar todo el tiempo trabajando hasta quedar agotado? La diversión te refresca y es estimulante a nivel espiritual. Saber reírse, amar y apreciar a los demás es de lo que trata la vida». Gracias Mr. Branson por aclararlo.

No nos engañemos, el dinero no es importante para lo que no lo es y es importante para aquello que sí lo es.

Imagino que estamos de acuerdo en que el dinero condiciona muchas áreas de nuestra vida. Por ejemplo, la falta de dinero es una de las primeras causas de ansiedad, muchas parejas rompen por motivo de discusiones sobre sus problemas con el dinero, y demasiadas vidas no se viven plenamente por carecer de él. Las estadísticas nos dicen que los problemas financieros son la primera causa de divorcio (no es la falta de amor sino la falta de dinero). Incluso pueden significar la diferencia entre la vida o la muerte en situaciones límite.

Lo que sigue no lo escribí yo, sino Dostoyevski: *«El dinero es libertad acuñada»*. Estoy totalmente de acuerdo. El dinero compra la libertad para poder elegir qué se hace con el tiempo.

Sé muy bien que el dinero no da la felicidad, pero también sé que la falta de dinero tampoco hace feliz. Está comprobado. El dinero no da la felicidad, de acuerdo, pero te deja tan cerca de ella que puedes llegar andando en unos minutos. De hecho, el dinero crea un estado mental tan parecido a la felicidad que ni siquiera un experto neurólogo puede distinguir la diferencia. Ahora en serio, sin bromas, cuando no estés presionado por la necesidad de hacer dinero, te librarás de la preocupación de pensar a cada minuto de dónde saldrá el siguiente euro y entonces ¡serás rico y libre!

2
Recupera tu pasión y tu vida

Las personas que acuden a mi curso «Libertad Financiera» buscan tomar el control de su destino económico. Son hombres y mujeres que quieren responsabilizarse de su economía y ser autónomas respecto al dinero. Gente cansada de dar vueltas sobre lo mismo y no llegar a ninguna parte. Si tú estás leyendo este libro, apuesto a que eres una de esas personas y a que probablemente sientes que ha llegado el momento de tomar las riendas de tu destino financiero.

Empecemos, pues.

Mi opinión sobre mantener un empleo, como única fuente de ingresos, es bastante radical y no espero que todo el mundo esté de acuerdo con ella. Bajo mi particular punto de vista, contar con una única fuente de ingresos es una temeridad. Depender de un empleo es un riesgo del que deberíamos protegernos.

Aceptémoslo, un «empleo fijo» no es seguro, es una ilusión de seguridad. Si en las expectativas de alguna persona está conseguir «la seguridad en el trabajo» es que ha perdido el contacto con la realidad. Los «trabajos seguros» siguen la senda de los dinosaurios: la extinción total e inminente. Ve eliminando el concepto «empleo seguro» de tu vocabulario. Quien los eche de menos siempre podrá recordarlos en los museos de historia.

Créeme, no existe nada que pueda llamarse «seguridad». La seguridad es una fantasía. «La seguridad sólo es una superstición, no existe tal cosa en la naturaleza. La vida es una aventura o no es nada», afirma Hellen Keller (ciega y sorda de nacimiento, aprendió a hablar, se licenció en la universidad y escribió libros y dio conferencias de autosuperación toda su vida; por lo que recibió el reconocimiento del gobierno americano). Por fin alguien habla claro sobre el tema.

Ningún barco está seguro fuera del puerto, pero los barcos se construyeron para navegar los mares, no para buscar la seguridad. En mi opinión, en el futuro la única seguridad consistirá en: a) mantenerse creativo de por vida, y b) reaprender de por vida. Si somos capaces de crear utilidad, significado y añadir valor, constantemente, de una y otra manera, entonces y sólo entonces, no nos faltarán ingresos.

Unas personas trabajan toda la vida en un empleo para poder sobrevivir, otras trabajan para crear un activo –o negocio– del que vivir el resto de su vida. ¿Ves la diferencia? Yo sí, mira, si trabajas en un empleo, cada vez tienes que trabajar más para ganar lo mismo. Si creas un activo cada vez trabajas menos hasta que empieza a trabajar para ti. Un activo puede hacerte ganar diez veces más que un empleo trabajando diez veces menos. ¿Puedes ver la gran diferencia? Este párrafo sintetiza algo de lo que no oí hablar en la escuela. Cuando lo pienso no lo puedo creer.

Sí, has entendido bien, las mentes *ricas* crean activos que generan flujos de dinero; por el contrario, las mentes *pobres* crean más pasivos que les sacan más y más dinero. Creo que todos debemos aprender la diferencia entre un activo y un pasivo:

Activo = crea dinero
Pasivo = cuesta dinero

La diferencia entre activos y pasivos es tu patrimonio neto. ¿Podías detener tu lectura por un momento y calcular la cifra aproximada de tu patrimonio neto? Mientras, voy a prepararme un té… Ya regresé; bien, si salió una diferencia positiva, pero no lo suficiente, sigue leyendo. Si salió una cifra negativa, estás en bancarrota, sigue leyendo. A todos: convertiros en expertos en crear activos y no en especialistas en pasivos.

Más diferencias. Cuando consigues un empleo tienes que trabajar; cuando consigues un activo, éste empieza a trabajar para ti. Mientras la mayoría de personas se pasan la vida estudiando para trabajar, y así conseguir una nómina, otros ocupan su tiempo en crear activos que garanticen su jubilación.

En este momento es más sencillo trabajar para ti y crear activos que nunca antes en la historia.

¿Por qué es mejor un activo que un empleo? Porque no puedes poseer un empleo pero sí puedes poseer un activo. Porque no puedes vender un empleo pero sí puedes vender un activo. Porque un empleo deja de darte dinero cuando te detienes y en cambio un activo seguirá proporcionándote dinero después de que tú hayas dejado de trabajar. ¿Lo tienes claro? (Puedes marcar este párrafo.)

Insisto, creo que depender económicamente de un empleo forma parte de un modelo que funcionó bien en el pasado pero que ofrece dudas en la actualidad. Entiendo que esta opinión puede resultar chocante para una persona que valora por encima de todo una nómina y un empleo; y que además no conoce otra vía para obtener ingresos. Pero probablemente en los próximos 15 años, el mundo laboral –en Occidente, al menos– será irreconocible. En la economía postindustrial el trabajo cambiará más que en los dos siglos anteriores.

El mundo actual está cambiando a un ritmo sin precedentes.

Todo está cambiando tan velozmente que, en Europa, ni políticos, ni sindicatos ni trabajadores pueden asimilarlo. Sus discursos no se corresponden con los cambios que se avecinan. Aquí estamos transitando a una economía de servicios en la que la materia prima será: el talento, la innovación, la tecnología y el conocimiento. El resto de empleos serán en buena parte los denominados McJobs (en dudoso honor a los McDonalds): trabajos de alta rotación y baja paga. Con semejantes expectativas, ¿quién quiere un empleo?

Buscarse *un trabajo* tiene una consecuencia obvia y es que acabas teniendo *mucho trabajo*. Peor, acabas enterrado bajo una montaña de trabajo. Lo siguiente que sucede es esto: un trabajador está tan ocupado en su trabajo que no tiene tiempo para pensar en cómo hacerse rico. Hablando de ricos...

Amancio Ortega, Míster Zara, un hombre hecho a sí mismo. Creó el grupo Inditex, en el que la nave capitana es Zara, con sucursales en todo el mundo. Es el décimo hombre más rico del mundo y el primero de España. La clave de todo está en el innovador sistema que siguen sus cadenas de ropa. De sus dos proyectos para la innovación, él mismo dice: «El proyecto Ponte dos Brozos y el Centro de Desarrollo y Tecnología tienen el mismo objetivo de fomentar la innovación. El primero, en el campo de la educación, y el segundo para ayudar a demostrar que desarrollo humano y revolución tecnológica son fuente de prosperidad». Su clave: la innovación.

El futuro de Europa, EE. UU. y Japón está en la innovación, no en la producción. Innovación: todo aquello que huele a fresco. Recuérdalo.

Hoy asistimos perplejos a la transición del *pleno empleo* al *pleno desempleo*, entendiendo por esto último no un caos laboral, sino un mercado laboral diferente: flexibilidad, eventualidad en la ocupación, baja retribución por hora, contratos de bajo contenido. España tiene la tasa de contratos en temporalidad más alta de Europa: el 30 %. Está ocurriendo y, sin perdernos en valoraciones, es mejor preguntarse: ¿cómo podemos prepararnos para trascender las desventajas de este escenario?

El cambio se ha instalado en el mundo y va a quedarse (como ruido de fondo). La buena noticia es que los cambios traen oportunidades proporcionales a la velocidad del cambio (la de éste es frenética). De hecho, cada vez que hay un cambio (tecnológico, mercado, necesidades…) emergen grandes oportunidades. ¿Y tú? ¿Esperas tu oportunidad, buscas tu oportunidad o creas tu oportunidad?

Creo que los europeos están viendo sacudidas sus mentalidades por el fenómeno de la globalización sin que su capacidad de respuesta pueda anticiparse al cambio y ofrecer una reacción adecuada. Los anglosajones, tanto europeos como americanos, son más flexibles al cambio. Lo que sabemos es que las mayores oportunidades serán para quienes se muevan rápido en los contextos de cambio. Los lentos perderán sus opciones y pagarán cara su rigidez. Las mentalidades flexibles ganarán, las acartonadas perderán. Quienes no vean la oportunidad en el cambio lo sufrirán.

Ningún empleo, por bueno que sea, puede ofrecerte verdadera libertad ni hacerte rico. «Puesto de trabajo» es un paradigma que falla por todos lados, pierde aceite. No digo que alguien no disfrute en un empleo (aunque, la verdad, es la rara excepción), sino que «vivir de un empleo» puede salir muy caro desde el punto de vista financiero. Espero que estemos pronto de acuerdo en que el pasaporte a la libertad y la prosperidad es: «Mi propio negocio personal». Suena bien, ¿verdad?

- *Tu tiempo te pertenece*, ¿a quién si no? ¿Y dónde está escrito que hay que ocuparlo en algo que no te convence?
- *Tu economía te pertenece*, ¿a quién si no? ¿Y qué sentido tiene seguir recetas financieras que no funcionan?
- *Tu libertad te pertenece*, ¿a quién si no? ¿Y no es la libertad el derecho más elemental del ser humano?

Sí, tu vida te pertenece. Y lo siguiente que te diré es que tendrás que conquistarla. Es tuya, de acuerdo, pero debes ganarla. Seamos sinceros, que te pertenezca no significa que sea gratuita.

3
Cómo superar los tiempos de crisis

Cuando se aborda el tema de la crisis, se habla más del problema que de las soluciones. Lo malo de las soluciones de las crisis es que no suelen gustar. Las más eficaces son las que gustan menos (dato comprobado). Las soluciones definitivas suelen ser las más incómodas porque exigen cuestionar viejas creencias y hábitos… No es una casualidad que las soluciones más desagradables sean las más efectivas.

Además de la crisis, experimentamos otro fenómeno de fondo, estructural, y que ha llegado para quedarse: la globalización. Son dos fenómenos diferentes que ahora se solapan en el tiempo. La crisis es coyuntural, la globalización es estructural. Una pasará, la otra se quedará. Cuando pase la crisis nos daremos cuenta de que debemos afrontar un escenario económico mucho más complejo: la economía global.

Las cosas no volverán a ser como eran.

Uno de los efectos de la globalidad es la deslocalización (*offshoring*) que está empezando por los «empleos de cuello azul» y se extenderá a los «empleos de cuello blanco». El directivo que prepara un expediente de regularización de empleo (E.R.E.) no se da cuenta de que él puede ser el siguiente.

Sentarse a esperar que la crisis pase (o ignorar la globalización) es la peor receta, porque cuando nos hayamos tomado el primer plato (crisis), nos servirán el segundo plato (globalización), para el cual dudo que la persona promedio se esté preparando. Por ejemplo, si una persona está en el paro y se repite a sí misma que «no sale nada de lo mío» es que tal vez «lo suyo» ya no sea necesario o ya no valga la pena que sea suyo, vamos que toque reciclarse… Quizás para encontrar «lo tuyo» haya que abrir el baúl de los recuerdos.

La persona promedio piensa que la crisis es todo el problema que resolver, pero no sabe que su pobre educación financiera agrava su situación ante la crisis y la deja indefensa ante la globalización.

Las crisis son procesos naturales, forman parte de la expansión y la contracción de la vida, como un latido. Siempre las hubo y las habrá. Cuando los medios de comunicación se obsesionan en crear un mal ambiente, proporcionan una excusa adicional a quienes las usan para sacar balones fuera. Las crisis pueden servir para excusarse y no reaccionar.

¿Cómo prepararnos para desarrollarnos económicamente en ambos fenómenos: crisis y globalización? Creo que tengo respuestas:

Si tu trabajo puede hacerlo un ordenador, búscate otro.
Si tu trabajo puede hacerlo un robot, búscate otro.
Si tu trabajo se basa en la experiencia, búscate otro.
Si tu trabajo no es creativo, búscate otro.
Si tu trabajo no aporta significado, búscate otro.
Si tu trabajo es muy manual, búscate otro.

Si tu trabajo puede digitalizarse, búscate otro.

Si tu trabajo puede hacerse por menos, búscate otro.

Si tu trabajo no te apasiona, búscate otro.

Y en cualquiera de los casos arriba señalados, si después de buscarlo, no lo encuentras, créalo (invéntalo). ¡Oh!

Para todos: haced algo que requiera talento, elegid una ocupación que proporcione sentido y significado a las personas, y elegid *trabajos creativos*, innovadores, que requieran mucho talento. En pocas palabras, huid como de la peste de *trabajos productivos*.

Dos conceptos a tener en cuenta: trabajo intercambiable y trabajo no intercambiable. Todo trabajo que sea intercambiable será cambiado de titular y de emplazamiento (trabajos exportados a Oriente), los no intercambiables se quedarán aquí. Otro concepto interesante es la «proximidad», si tu trabajo requiere proximidad al cliente correrá menos riesgo de ser intercambiable o ser digitalizado. No hay más que un único mensaje: especialízate en lo tuyo, entrega talento no digitalizable, sé no intercambiable y cultiva la proximidad.

Un trabajo productivo siempre puede ser hecho por menos dinero. O mejor, lo que significa con mayor calidad y eficiencia. Los países emergentes son la gran reserva para la subcontratación. Las empresas ya han entendido que el *outsourcing* (subcontratación internacional) mejora sus procesos (aumentos del 100 % en productividad) y abarata sus costos (ahorros del 75 % en salarios). Y han comprobado que el *homesourcing* (subcontratación doméstica) mejora la productividad en un 30 %. Así que,

¿dónde está tu competencia? (¡Sí, tienes competencia!). Respuesta: en todas partes; personas que trabajan desde su casa, profesionales y empresas que trabajan a varios miles de kilómetros.

Un empleado de una empresa compite con autoempleados que trabajan por cuenta propia y quieren trabajar para esa misma empresa. Puede que nos les vea pero pronto sentirá su aliento en su nuca –y cómo presionan su nómina a la baja–. A las empresas les ocurre lo mismo: compiten no sólo con otras empresas de su sector sino con autoempleados que pueden hacer lo mismo, usando las mismas tecnologías (todos disponemos de las mismas herramientas), pero con una estructura menor; y por tanto, más competitivos en precios. Yo mismo estoy proporcionando formación a multinacionales que antes sólo trabajaban con grandes empresas de formación.

En momentos de crisis, nos cansamos de oír argumentos como: «no es un buen momento», «no está la cosa como para invertir», «es arriesgado»… Cuando lo que en realidad dicen es: «tengo miedo a hacerlo», «no me gusta hacerlo», «no sé cómo hacerlo»… No se trata de la crisis, ni del paro, ni del endeudamiento, ni del mercado… como siempre, se trata de nosotros, de ti. ¡Nosotros! ¡Tú! Se trata de las personas que no creen en sí mismas y sus posibilidades; y en consecuencia, proyectan su desconfianza a la situación. Las crisis son en gran medida un déficit de confianza (si el ser humano pudiera desear sin dudar del resultado, ese deseo se cumpliría al instante).

Voy a compartir contigo la siguiente cita de Paul Romer: «Una crisis es algo que no se puede desperdiciar». También afirmó: «Todos queremos crecimiento económico, pero nadie quiere el cambio». Como él, creo que las crisis son una oportunidad para mejorar. Simbolizan la necesidad de un cambio, y el dinero ama la velocidad en el cambio. Una crisis es la señal de que algo nuevo está a la vuelta de la esquina.

La mente más brillante del siglo pasado, Albert Einstein, afirmó sobre las crisis: «No pretendamos que las cosas cambien si siempre hacemos lo mismo. La crisis es la mejor bendición que puede sucederle a personas y países porque la crisis trae progresos. La creatividad nace de la noche oscura. Es en la crisis cuando nace la inventiva, los descubrimientos y las grandes estrategias. Quien supera la crisis se supera a sí mismo sin quedar «superado». Quien atribuye a las crisis sus fracasos y penurias violenta su propio talento y respeta más a los problemas que a las soluciones. La verdadera crisis es la crisis de la incompetencia. El problema de las personas y los países es la pereza para encontrar las salidas y soluciones. Sin crisis no hay desafíos, sin desafíos la vida es una rutina, una lenta agonía. Damos lo mejor de nosotros cuando afrontamos desafíos. Es en la crisis donde aflora lo mejor de cada uno, porque sin crisis todo viento es caricia. Hablar de crisis es promoverla, y callar en la crisis es exaltar el conformismo. En vez de esto trabajemos duro. Acabemos de una vez con la única crisis amenazadora, que es la tragedia de no querer luchar para superarla».

Palabras de sabio.

4

Por qué hay problemas económicos

Probablemente sabes que el empleado promedio sobrevive de nómina a nómina. Yo lo sé muy bien porque trabajé durante diez años en banca como director. Cada mes, al llegar la tercera y cuarta semana, los números rojos teñían las cuentas corrientes; y sus titulares esperaban el inicio de mes financieramente exhaustos para cobrar la siguiente nómina. Y así mes tras mes.

Menuda vida.

De unos años a esta parte, las personas se hipotecan de por vida con más alegría que nunca antes; y debido al elevado importe de las hipotecas, los plazos se alargan hasta 40 años para amortizarlas. Pero si esto no es suficiente como para poner los pelos de punta a cualquiera, aguarda a escuchar lo que sigue: cada vez más personas después de pagar durante media vida la compra de su vivienda, en la vejez vuelven a hipotecarla, pero ahora con una «hipoteca inversa», para recibir un ingreso mensual que complementa sus exiguas pensiones.

Menuda herencia.

Muchas personas, después de toda una vida de trabajo duro, tienen muy poco en el banco, la cifra promedio ahorrada es de 30.000 euros. Con ese capital y una escueta pensión de la Seguridad Social, es casi inevitable que lo primero que haga una persona cuando se jubila sea buscar trabajo y hacer horas en lo que pueda. Al llegar la jubilación, la mayoría abandona la clase media para ingresar en la clase baja. De este modo los años de retiro –que se suponían dorados– se convierten en un período agridulce (más agrio que dulce) con un poder adquisitivo muy por debajo del disfrutado en la etapa activa. ¿Adónde conduce trabajar toda una vida?

Menudo panorama.

Ante semejante escenario, creo poder oír tus pensamientos: «No es justo». Tal vez, pero los hechos están ahí y son el efecto de unas causas, no de la casualidad. En este libro nos ocuparemos de las causas que conducen a esta clase de situaciones para corregirlas cuando aún es posible hacerlo.

Quisiera que entendieses que redoblar esfuerzos con una receta que no funciona no hace más que empeorar el guiso, así que te diré que más trabajo o más sueldo no son las soluciones. Lo que afirmo puede parecer increíble, pero pronto comprenderás que no es la velocidad lo que falla sino la dirección.

La persona que no llega a final de mes suele creer que un aumento de sueldo sería la solución definitiva a sus males. Y yo creo que no lo sería. ¿Por qué?, porque en el mismo instante en que le aumentaran el sueldo, aumentarían sus impuestos retenidos en la nómina, aumentaría su nivel de gasto y aumentaría su nivel de deuda, puesto que consumiría en proporción a lo ingresado. Y volvería a estar en las mismas.

Es obvio que las personas endeudadas lo están porque gastan más de lo que ingresan, no estoy seguro de que aumentar sus ingresos resolviera la situación porque de inmediato gastarían más y su deuda aumentaría. No necesitan más dinero sino resolver su hábito de gastar más de lo que ingresan. Sí, has leído bien. Necesitan, en dos palabras, formación financiera. Sin esa educación, cuando alguien gana más dinero, gasta más dinero o pierde más dinero. Al final, gana la partida no el que ha ingresado más sino el que conserva más cuando ésta acaba.

La peor mentira que puede alguien contarse es que si ganara más dinero tendría más dinero.

Imaginemos que alguien recibe un aumento de sueldo (una hipótesis aventurada en estos tiempos). Meses después, esa persona descubre que se halla más estresada por su nueva responsabilidad laboral y que le deja menos tiempo libre; además ahora se recompensa con más gasto, y en consecuencia, realiza el mismo ahorro mensual que antes, es decir: cero. Trabajan duro y se lo gastan, piden prestado y se lo gastan, incluso se gastan lo que aún no han ganado… son expertos en gastar. ¡Compradores de primera!

Por otro lado, su retención en la nómina ha subido varios puntos. Las cosas han mejorado para acabar empeorando. Tras la promoción, tiene un mayor ingreso pero también más responsabilidades, más impuestos, más gasto; y menos tiempo, menos libertad, menos vida… Robert Frost, ganador de cuatro premios Pulitzer, lo expresó impecablemente: «Trabajando fielmente ocho horas al día, con el tiempo llegarás a ser jefe y a trabajar doce horas al día». ¿Entiendes por qué el *éxito*, de un empleado, puede convertirse en un *fracaso*? Parece que nadie se da cuenta de eso.

La solución no es un sueldo mejor sino una mentalidad mejor.

Los sueldos no aumentan; en términos reales, disminuyen. No hay más que echar un vistazo al mercado laboral para darse cuenta de que la oferta de trabajo no es un bien escaso, sino al contrario: hay sobreoferta. Debido a la ley de la oferta y la demanda, el precio por hora no hace más que bajar y bajar. ¿Suben los sueldos un 20% al año? ¿Y un 10%? Claro que no. En términos reales, deducida la inflación, los sueldos descienden. ¿Por qué? Porque miles de millones de aspirantes a un empleo en el mercado global hace que bajen los sueldos.

El ingreso de las grandes economías asiáticas en el mercado global aporta 2.400 millones de personas. ¿De verdad crees que eso no va a afectarte sólo porque están a unas horas de avión? Los satélites de comunicaciones han puesto puerta con puerta a trabajadores occidentales y orientales. Está pasando ahora: los trabajadores de cuello azul toman un avión para Europa y a los trabajadores de cuello blanco les basta con darse de alta en Internet (ni siquiera tienen que desplazarse, se *suben* a la fibra óptica). Imagina que mañana cuando llegas a tu trabajo te encontraras con esa enorme masa laboral frente a tu empresa pidiendo trabajar por la décima parte de que lo que cobras tú... pues en cierto modo está pasando.

No importa a qué te dediques, producción o servicios, manual o intelectual, tu trabajo tarde o temprano se virtualizará, automatizará o se subcontratará en donde cueste menos y se haga mejor. No hay vuelta de hoja: las actividades económicas (todas) se descompondrán en partes (procesos), y la mayoría se digitalizarán (automatizarán) o se exportarán (subcontratarán) no sólo para reducir costes, sino –y esto debería hacernos reflexionar– para ¡mejorar la calidad! ¿Quién ganará más con todo esto? No te equivoques, no son las empresas, son también los consumidores (todos nosotros) al disponer de mejores bienes y servicios, a mejor precio.

No escribí el párrafo anterior para preocuparte, sino para invitarte a tomar acción, y la mejor respuesta no es protestar cortando una carretera u organizando una pitada, sino cambiar de mentalidad. El mensaje es: desarrolla un talento y ofrécelo con creatividad, en el mundo global habrá magníficas oportunidades para quienes reciclen su mentalidad comodona; pero será un rodillo para los que contemplen este momento como si no tuviera nada que ver con ellos.

El consejo convencional es: «Ve a la escuela, licénciate en la universidad, busca un empleo seguro, trabaja duro toda la vida, retírate». Es el peor consejo que he oído en toda mi vida. Da escalofríos pensarlo. Si puedes tragarte eso, entonces también podrás creerte que yo soy Tintín. Pero, ¿por qué es tan popular una propuesta tan exótica? Examina las personas que creen esa barbaridad. Imagina cómo están sus economías, al límite. ¿Quieres eso para ti? Entonces no sigas un consejo obsoleto. No es una buena receta, y si la receta es mala no importa lo buen cocinero que seas, el resultado seguirá siendo pésimo.

Todos hemos escuchado conversaciones en las que alguien defiende la compra del piso por encima del alquiler. El argumento siempre es el mismo: «Si alquilas, tiras el dinero; pero si compras, siempre tienes algo tuyo». Es cierto. Trasladémoslo ahora al ámbito del trabajo: «Si trabajas para otros tiras el tiempo, pero si trabajas para ti –y creas un activo (negocio)– siempre tienes algo tuyo». También es cierto, pero muy pocos se dan cuenta.

Trabajar a cambio de una nómina nunca te ofrece un ingreso residual, nunca tienes nada que te pertenezca, que pueda venderse o que pueda crear riqueza para ti en el futuro… Lo malo de trabajar en un empleo es que cada día por la mañana empiezas de cero y por la noche pones el marcador a cero para el día siguiente. Nunca posees nada, no importa los años que trabajes en un empleo, al final no tienes nada, porque nunca fue tuyo.

Un empleo es una fuente de ingresos de «alquiler», y por mucho que trabajes en él, por muy bien que lo hagas, nunca es tuyo. Los problemas empiezan cuando una empresa decide no «alquilar» más un puesto de trabajo a un trabajador.

Entonces si la solución no es conseguir un mejor empleo ni más sueldo, ¿cuál es la solución? Lo veremos más adelante, pero te adelanto que *El Código del Dinero* –el pasaporte a tu libertad financiera– tiene que ver con un sistema propio de ingresos. Suena bien, ¿verdad? Ya llegaremos a esa parte.

La solución a los problemas de dinero no está en el dinero sino en una mentalidad diferente.

¡Cuántas veces una persona recibe una cantidad de dinero y cree que eso será el fin de sus males, para acabar igual que antes, si no peor! Los ricos no son diferentes del resto, tan sólo poseen una mentalidad diferente y, en consecuencia, más dinero. Todos afrontan retos económicos y problemas financieros, la gran diferencia es que ellos los afrontan con diferente mentalidad.

El coeficiente de inteligencia financiera es lo que hace ricas a la personas, no el dinero. Inteligencia es la capacidad de hacer distinciones cada vez más precisas. Y la inteligencia financiera te permite hacer distinciones en tus modos de ganar y de gastar cada vez más refinadas. Cuando termines de leer este libro serás capaz de ver lo que otros no ven.

Por el momento, comprende que el dinero es el efecto de una causa y la causa siempre es cierta mentalidad. Si te centras en los efectos (el dinero) pero no en la causa (la mentalidad) las cosas no van a cambiar. Y si lo hacen, serán cambios poco duraderos. Lo que trato de decirte es que para arreglar tu economía no necesitas dinero, sino una mentalidad diferente que se traducirá en dinero y mucho más.

He descubierto que hay problemas económicos porque se ignora la antigua ley del Proceso: Ser, Hacer, Tener. Todo el mundo quiere algo que aún no tiene, pero muy pocos se dan cuenta de que para «tener» antes hay que «ser» aquello que desean. «Primero di qué te gustaría ser y luego haz lo que tengas que hacer», Epicteto. Para conseguir algo, primero tienes que pensar y sentir como si eso ya fuera real; y comportarte como si ya estuviese en el proceso de llegar a ti. Tiene sentido para mí. Por ejemplo, si una persona quiere tener prosperidad; primero su mentalidad debe ser próspera. Y al hacer lo que hace una persona próspera, acabará manifestando la prosperidad. Ser, hacer, tener; y no a la inversa, como algunos creen.

Otra de las causas de que haya problemas financieros es que hay poca o ninguna educación financiera. Las personas solventes poseen una mejor educación financiera que las insolventes. No académica, sino financiera. Si revisas la lista de las personas más ricas del mundo comprobarás que no lo son debido a su formación académica. Lo son por su actitud. Su actitud marcó la diferencia; y sin embargo, cada día legiones de personas salen de su casa ávidas de diplomas (se enfocan al cien por cien en la aptitud y cero por cien en la actitud). Ahora mismo me estoy llevando las manos a la cabeza.

Los sistemas educativos nos preparan para el fracaso financiero. Por supuesto, sin mala intención, pero no son las intenciones lo que cuentan sino los resultados. Aceptemos que la educación convencional, en lo que respecta a la libertad financiera, es nula. La siguiente lista es de personas que abandonaron la universidad (porque allí no podían enseñarles lo que querían aprender), y como verás no les ha ido nada mal: Richard Branson, Thomas Edison, Agatha Cristie, Ted Turner, Mozart, Michael Dell, Steve Jobs, Bill Gates, Henry Ford, Amancio Ortega…

Parafraseando a Einstein: el aprendizaje está obstaculizado por la educación.

La educación financiera debería enseñarse en la escuela desde primaria (¿estudiaste asignaturas como «riqueza I» y «riqueza II» o parecidas? Yo no). Y por educación financiera no me refiero a estudiar sesudas teorías, sino leyes prácticas que cualquiera puede entender y aplicar en su economía personal. Los sistemas educativos estimulan a estudiar para tener un empleo, pero la buena formación financiera enseña a no necesitar un empleo. Daniel Pink, autor visionario, escribió en su libro *Free Agent Nation*: «El modelo educativo de

Estados Unidos es lo que yo llamo Modelo del pavo del Día de Acción de Gracias: ponemos a los chavales en el horno de la educación formal durante once años, hasta que estén bien hechos, y entonces se sirven a los empleadores. Una minoría recibirá una cocción adicional, durante cuatro años, en un College.» Yo siento que he sido «gratinado» demasiado tiempo en el horno equivocado. En mi caso, la facultad de ciencias económicas me entrenó para ser un empleado (de cuello blanco), no un empleador ni un emprendedor (de cuello dorado). Y en consecuencia, me empleé más años de los necesarios. He de confesar que me he redimido.

Si no estás ingresando lo que desearías, es porque hay algo sobre el dinero que aún no sabes.

La siguiente causa de tantos problemas financieros es que la mayoría de las personas no venden nada, salvo su tiempo. Un trabajo convencional consiste en una venta de tiempo bajo contrato: 40 horas semanales a cambio de un salario. Y, prefiero decirlo cuanto antes, vendiendo tiempo es imposible conseguir libertad financiera. Ésta es la razón por la que los ricos se hacen más ricos y los demás, incluida la clase media, se hacen cada vez más pobres.

Como sabes, el tiempo es limitado: no puedes trabajar más allá de 8, 10 o 12 horas al día. Esto es un límite y por muy bien que se pague la hora, no se puede vender más tiempo del que se dispone. Por eso los ricos no venden su tiempo, no se emplean, sino que crean sistemas o negocios para ganar sus ingresos.

¿Abrirías una tienda con 8, 10 o 12 artículos en el estante nada más? Claro que no. ¡Menuda caja resultaría al final del día! Pues eso mismo es lo que hace quien vende sus horas. Tiene poco que vender y eso sale muy caro.

Un trabajo convencional tiene ventajas, qué duda cabe, ¿verdad?, pero dos grandes inconvenientes: a) limita severamente la libertad y b) es un límite a la prosperidad económica. Un empleo sale muy caro. Por esa razón, en un determinado momento de mi carrera profesional perdí todo el interés por tener un empleo. De pronto, necesité deshacerme de él. Entendí que la libertad que buscaba no me la proporcionaría una promoción interna, o el cambio de un trabajo a otro, sino un cambio radical de mentalidad.

¿No has notado que quienes apuestan por lo seguro carecen de entusiasmo y sentido de propósito?

Puedes ser muy bueno en lo tuyo y tener una pésima economía, porque vender tiempo es un límite. En cambio no conozco ningún buen empresario, que sea muy bueno en lo suyo, y que vaya justo. ¿La razón? Sus ingresos no están limitados. No es lo bueno que eres en una profesión lo que marca tu éxito financiero, se trata de si limitas o no tus ingresos. ¿Es que nadie se da cuenta?

Otra razón por la que hay problemas económicos es que, como todo en la vida, *el dinero tiene un precio*. Lo que ocurre es que demasiada gente cree que puede conseguirse algo a cambio de nada. El millonario americano Hunt dijo: «El secreto del éxito está en saber lo que quieres y estar dispuesto a pagar el precio para conseguirlo».

Uno: saber «el qué».

Dos: pagar su «precio».

El dinero, como todo, tiene un precio (que no todos quieren pagar). El precio del dinero se paga básicamente con: coraje, creatividad, paciencia, imaginación, pasión, disciplina, esfuerzo, persistencia, confianza, voluntad de servicio y muchas otras cualidades que no todo el mundo está dispuesto a desarrollar. Te diré algo invaluable: siempre que quieras algo en la vida, averigua primero cuál es su precio y luego págalo con gusto.

A mí me encanta pagar precios, es garantía de resultados.

Y finalmente hay problemas de dinero porque *los problemas, en cierto modo, son naturales.* Lo cierto es que todo el mundo tiene problemas financieros, incluso los ricos, la diferencia estriba en el modo de resolverlos.

Tratar de evitar, o ignorar, los problemas financieros equivale a mantenerlos, porque los problemas no se resuelven por sí mismos. En lo que toca al dinero, siempre digo que tratar de resolver problemas financieros con dinero, y no con inteligencia financiera, es un gran error.

Los problemas económicos no se resuelven con dinero sino con creatividad.

Mi deseo es que este libro rompa viejos paradigmas sobre el dinero. Deseo que el lector entienda que el dinero nunca es el problema y que los problemas están en ciertas mentalidades sobre el dinero. Tratar de conseguir una vida de libertad y riqueza, llevándose mal con el dinero, no tiene sentido. Cuando esto tan sencillo se comprenda se dará un paso de gigante hacia la libertad y la prosperidad.

5

Los cuatro obstáculos a la libertad financiera

En algún momento tendrás que elegir: ¿seguridad o libertad?

Las personas que buscan seguridad pierden libertad, y viceversa. Escojas lo que escojas, pagarás un precio, porque como dije antes: nada es gratis. He aquí la palabra-problema: «gratis». Huye de ella, de lo gratuito.

Quienes aman la seguridad pierden oportunidades porque optan por lo fácil. Tu objetivo no debería ser que todo te resulte fácil. He encontrado una cita de Robert Henri que me parece genial: «Ser libre, ser feliz y productivo sólo puede conseguirse sacrificando muchas cosas corrientes, aunque sobreestimadas». Sinceramente, yo no conozco modos fáciles y rápidos de ganar dinero, tampoco me interesan porque son un auténtico desastre. Lector, espero que no busques lo fácil y lo rápido; pero si así fuese, por favor, da por concluida esta lectura y regala este libro a alguien; gracias y adiós, aprovecho para despedirme de ti.

Para el resto, los que sigan conmigo:

Si eliges la libertad, cometerás con probabilidad algunos errores. Es lógico, piénsalo, los errores son necesarios para el éxito. Yo convierto cada error que cometo en algo bueno, le saco partido al usarlo como palanca.

Renunciar a los errores es, por tanto, renunciar al éxito. Si la gente supiese que las personas exitosas cometen un alto índice de errores, empezarían a perder el absurdo miedo al error. Winston Churchill lo tenía claro: «El éxito consiste en ir de fracaso en fracaso sin perder el entusiasmo». Yo incluso prefiero equivocarme en lo que me gusta antes que acertar en lo que detesto.

Las personas que evitan los errores están evitando el éxito.

Cuando empiezas algo nuevo equivocarse es inevitable. Alguien dijo que si quieres tener éxito deberías «duplicar tu tasa de errores» porque es de ellos como se aprende a hacer las cosas bien. Espero convencerte de la necesidad de cometer errores. Busca tu «error memorable», tu punto de inflexión, el que ha de revolucionar tu vida. Hay otros mundos y están en éste. En la dimensión del empleado, el error es algo a evitar. En la dimensión del emprendedor el error es parte necesaria del proceso.

Arriesgar significa la oportunidad de ganar, no de perder.

Si eliges la seguridad te privarás de la libertad financiera, porque son incompatibles. No arriesgar conduce a vivir una vida de pequeño tamaño. «Si no arriesgas nada, lo arriesgas todo» (Geena Davis, actriz). Una chica lista. Sé que es una elección importante –yo mismo la he tomado muchas veces–. He comprobado, no obstante, que la seguridad tiene más –¡muchos más!– «seguidores» que la libertad. En la escuela nos enseñaron a jugar a lo seguro pero eso es un obstáculo al aprendizaje.

Francamente, por más que lo pienso no veo la relación entre lo que estudié y la realidad.

¿Libertad o seguridad? Va a gustos. Yo creo que la libertad financiera es mucho más importante que la seguridad laboral. Una es real, la otra una fantasía. Cuando elijas, habrás tomado responsabilidad, pagarás los precios de tu elección, y ya no te verás como una víctima ni podrás quejarte de tu situación, sea cual sea. Lo que yo he aprendido es que la libertad añade vida a la vida pero la falsa seguridad de un sueldecito siempre sabe a poco.

Pero vayamos a los obstáculos de la libertad financiera:

El primer obstáculo son las creencias limitantes. Muchas creencias son una carga más pesada que una hipoteca, de hecho actúan como «hipotecas mentales». Creo que es mejor estar gravado por un préstamo hipotecario en el banco que por una creencia limitadora en la mente, porque lo primero tiene fecha de caducidad pero las creencias, en principio, no. Este libro pretende desacreditar creencias frecuentes sobre el dinero basadas en el miedo. No voy a profundizar en esto porque ya se ha escrito lo suficiente, pero resumiré diciendo que el miedo es el mayor freno de la humanidad a nivel colectivo e individual.

El segundo obstáculo es la actitud complaciente de vivir por inercia en la comodidad. Justo lo opuesto a la «cultura del esfuerzo», que fue artífice del éxito económico en la Europa del Norte. Tenemos fobia al esfuerzo. Las únicas personas que quieren un cambio inmediato son los bebés con el pañal mojado. El resto ya están bien, estén como estén. Triste, ¿no? Deberíamos tener muy claro que nuestra economía personal sólo va a mejorar cuando hayamos mejorado, pero no antes. El esfuerzo es incómodo, es cierto, pero ¡más incómodo es seguir experimentando problemas económicos! En un mundo en transformación, no adaptarse es un riesgo demasiado grande para quienes buscan la comodidad. Lo cómodo y fácil: «sueldo limitado, hipoteca infinita, consumo irresponsable» ya no funciona. Toca reciclarse.

El tercer obstáculo son los malos hábitos financieros. La persona promedio busca la gratificación económica inmediata y por ello no planifica ni sigue una estrategia financiera a medio y largo plazo. Vive financieramente al día. Gana, gasta, no ahorra, y lo peor: no invierte. Depende de una única fuente de ingresos sobre la que no tiene ningún control. Gasta más de lo que gana, incluso se gasta los ingresos futuros. Se endeuda de por vida sin haber creado antes fuentes de ingresos que garanticen el pago de sus compromisos, se da lujos sin contar con los flujos que los paguen… En fin, quiere un tren de vida que no se ha ganado. Es hora de revisar esos hábitos. Sea cual sea tu situación presente, lo cierto es que tu modo de pensar y actuar te ha conducido exactamente al punto donde estás hoy. Acéptalo: tu saldo bancario no es fruto de una casualidad sino de unos hábitos. Si deseas crear un saldo diferente será preciso deshacerse de viejos hábitos y sustituirlos por otros diferentes.

El cuarto obstáculo es la falta de educación financiera. Todo el mundo maneja dinero cada día, pero muy pocos se preparan para hacerlo con acierto. Una buena formación financiera no es un lujo, es una primera necesidad. Y si no que se lo pregunten a las personas que compraron productos financieros que no entendían y resultaron no valer nada. El hecho de que no se enseñe en la escuela no significa que no sea necesaria (tampoco se nos ha enseñado a nutrirnos ni a respirar bien y es algo que todos hacemos a diario). Los tiempos en los que una licenciatura te preparaba para el resto de la vida en el desempeño profesional han pasado a la historia. Hoy la información disponible de la humanidad se duplica cada dieciocho meses (Ley de Moore), pero allá por el año 1500, si te leías un libro a la semana durante cuatro años, te acababas todos los libros del mundo; y podías abarcar todo el saber de la humanidad. Hoy, sólo en España, se editan 65.000 títulos nuevos al año. Haz cuentas. Reaprender de por vida es la única forma de no quedar fuera del juego económico. Ya no vale con parapetarse detrás de un título universitario porque, como dije, hoy, aun siendo necesario, no marca una gran diferencia, ni tampoco garantiza un empleo, ni asegura la libertad financiera. Formarse de modo continuo es una prioridad. Y para aquellos que les parezca una opción cara, o un lujo, que prueben con la ignorancia.

Aforismo: Tus ingresos pueden crecer hasta donde tú crezcas pero no más (vuélvelo a leer porque es la esencia de este libro).

6
Jubilación,
el incierto futuro financiero

Según las estadísticas, el mayor temor es quedarse sin dinero después del retiro. Y si no hacemos algo al respecto, es lo que les ocurrirá a muchos cuando se jubilen.

La idea de que «trabajar duro toda una vida conduce a un retiro dorado» no es realista; peor aún: es un engaño. Ojalá este libro sirva para evitar la gran decepción que aguarda a mi generación a la edad del retiro. Si aún quedan años hasta entonces, podemos prepararnos para evitar el desastre. No se puede improvisar pero se puede preparar.

Encontré una estadística que pone los pelos de punta. En el país más rico, Estados Unidos, a los 65 años, es decir a la edad de la jubilación, un 1 % es muy rico, un 4 % tiene una economía acomodada, un 5 % debe seguir trabajando mas allá de la jubilación por necesidad, un 54 % sobrevive gracias a la familia y el resto, un 36 %, han pasado a mejor vida, como suele decirse. Permíteme señalar que sólo un 5 % goza de una buena posición, mientras que el resto no tiene resuelta la jubilación. Y, o bien deben seguir trabajando, o bien son económicamente dependientes; ya que los ingresos medios de una jubilada americana son de 7.000 dólares al año. Da para sobrevivir de mala manera, no para vivir.

Aguarda un momento porque esto se pone peor.

Vayamos a otro gran país: Rusia, una economía emergente. ¿Sabías que lo primero que hace un jubilado ruso es buscar trabajo? Su economía es tan precaria que, por no tener, no puede permitirse ni tener un ataque de ansiedad. Su exigua pensión (unos 100 euros al mes de promedio) le obliga a trabajar mientras viva. Tú no querrás encontrarte en esa situación, ¿verdad?

¿Y en España, cuánto cobra un jubilado de promedio? Unos 850 euros al mes, unos más, otros menos en función de la comunidad autónoma en la que viva. No le veo la gracia a ganarse la jubilación para llegar a submileurista.

¿Y a qué edad nos retiraremos? Dicen los que saben que la jubilación llegará cada vez más tarde, a los 70 años y quizás más allá. El Estado ya estimula (aunque casi nadie se da por aludido) retrasar la jubilación voluntariamente y así aumentar un 3% el monto de la pensión por cada año que se trabaje después de los 65.

¿Cuánto viviremos? Cada día que pasa la esperanza de vida aumenta (gracias a los avances médicos) cinco horas y media. Otra cosa que sabemos ahora es que no hay un límite de vida, no tenemos ningún programa o reloj biológico en los genes que nos pueda impedir en el futuro vivir cien o doscientos años. Viviremos más. Y alguien deberá financiar el inmenso gasto social de un retiro largo y multitudinario (la tendencia para la mitad de este siglo y más allá: habrá más europeos mayores de 60 años que menores de 20 años). Y un detalle importante: en los países desarrollados se vienen registrando tasas de natalidad negativas. España, dice la ONU, en el 2050 se convertirá en el tercer país más envejecido del planeta (después de Japón e Italia). La pregunta del millón, agárrate bien, es: ¿Quién pagará la fiesta de tantos? Respuesta inquietante: tal vez nadie.

El sistema de previsión de la Seguridad Social se ha convertido en algo parecido a los esquemas piramidales de Ponzi: los últimos en entrar pagan a los que ya estaban dentro. Las pirámides financieras, lo hemos visto mil veces, finalmente se desmoronan cuando no entran los necesarios como para financiar al resto. Y lo que está pasando es que no aumentan los cotizantes en activo como para pagar las pensiones de la creciente masa de jubilados.

Hagamos historia. En la década de los cuarenta del siglo pasado, cuando se estableció la fecha del retiro a los 65 años, la esperanza de vida era de 63 años. Lo que significaba que una persona trabajaba de por vida; pero hoy, con la expectativa de vida actual, retirarse a los 65 años está desfasado. Tenemos que esperar que en los próximos años la fecha de jubilación se actualice de acuerdo con los nuevos estándares de vida: más o menos a los 75, año arriba o abajo.

¿Papá Estado y su Seguridad Social cuidará de ti?, ¿cómo lo sabes? El sistema de pensiones del Estado no está pensado para hacer las funciones de un plan de jubilación (aunque todo el mundo lo toma como tal). En realidad, está ajustado para ser un *complemento* a tu propio plan de jubilación –el cual es tu responsabilidad–. En esto, lamento decirlo, sufrimos un autoengaño colectivo. Y creo que nadie debería delegar, improvisar o confiar a la suerte algo tan importante como los ingresos a percibir durante su retiro.

El objetivo de disfrutar de una jubilación dorada se ha convertido en un mito.

En España, el sistema de pensiones entrará en déficit en torno al año 2020. De ahí en adelante, habrá que empezar a gastar los ahorros acumulados en el Fondo de Reserva que, aproximadamente, se agotarán en el 2030. En lo sucesivo, el sistema público de pensiones acumulará números rojos, y llegará al 2050 con un déficit del 7 % del producto interior bruto (PIB) y una deuda del 95 % del PIB. Es el pronóstico de José Antonio Herce, uno de los mayores expertos en pensiones del país. En resumen, nadie sabe si la Seguridad Social nos podrá garantizar una pensión o la cobertura médica. Es algo que se sabrá en su momento, pero a mí este asunto me parece demasiado importante como para confiarlo al azar. Es una temeridad suponer que alguien resolverá nuestros problemas financieros personales. Prefiero ocuparme de mi economía ahora, antes que descubrir en el futuro que nadie lo hará por mí.

¿La solución al sistema público de pensiones? Hay dos y son muy impopulares; por eso se van demorando y se empeora el pronóstico. Una, el alargamiento de la edad tanto legal como efectiva de jubilación; y dos, alargar la base de cálculo de las cotizaciones, de los 15 años actuales, los últimos, hasta los 35.

Soñar con retirarse con unos ahorros de un millón de euros sería genial, pero para una persona que ha estado empleada toda su vida es una fantasía irrealizable. Hagamos números: si una persona promedio tiene unos ingresos anuales de 24.000 euros (2.000 al mes), en toda su vida laboral habrá ingresado 1.000.000 de euros. Haz cálculos, muchas personas pasan del millón y medio de euros. Sí, todos ingresamos una suma millonaria al final de nuestras vidas laborales, tú también. Pero deberemos pagar impuestos, alimentarnos, vestirnos, pagar la vivienda… de modo que ¿cómo ahorrar el 100 % de lo ingresado? Está claro que no podrás retirarte con un millón en el banco. Los números no salen.

Compliquemos las cuentas. Pido que salga al escenario la diva de la depreciación: la inflación. Sí, la caída sostenida del valor del dinero. ¿Sabes cuánto ha aumentado en España la inflación desde el año 2000 hasta el 2009 (año de la primera edición de este libro)? Un 32 %. ¿Y desde 1990? Un 95 %. ¿Y desde 1980? Un 388 %. Ahora bien, ¿tu sueldo ha aumentado lo mismo en estos períodos? Si la respuesta es «no», y apuesto a que lo es, eres menos solvente, por decirlo de un modo amable. Pongámoslo en euros: necesitas 1.320 euros de hoy para comprar lo mismo que con 1.000 euros al inicio de este siglo. Si tú mismo quieres hacer tus cuentas visita: www.ine.es/calcula/para actualizar una renta en euros. O www.ine.es/varipc/index.do para calcular variaciones porcentuales de precios del IPC entre años. Es la página del Instituto Nacional de Estadística.

Jubilación: umbral de entrada de la clase media a la clase baja.

¿Cómo puede ocurrir esto? Sin duda por falta de educación financiera. Espero que entiendas que la educación financiera es una primera necesidad. Puedo imaginar cómo asientes con la cabeza en silencio.

Los cambios en cierto segmento del mercado laboral (trabajos temporales, ocupación discontinua, contratos volátiles, retribuciones bajas…) harán que la próxima generación, si no se pone las pilas, no pueda aspirar a ahorrar para una jubilación sino que tendrá que seguir trabajando después de ella.

Ahora entenderás el chiste (¿o no es un chiste?): JOB (trabajo, en inglés) es el acrónimo de Just On Broke (quebrado, en inglés). Traga saliva.

Otra cosa.

La jubilación no debería verse como una liberación porque en esa creencia está implícito que tu ocupación no te gusta –o incluso te disgusta–. «La mayoría de la gente realiza trabajos esencialmente sin sentido para ellas. Cuando se jubilan, esa verdad les cae encima como una losa» (Brendan Francis). Lo suscribo. La mayoría de los jubilados desearía haber hecho las cosas que querían hacer. Y lo que te propone este libro es organizarte económicamente de tal modo que la etapa activa de tu vida sea como tu jubilación ideal: abundante en tiempo y dinero, justo cuando más partido puedes sacarles.

7
¿Vives en un mundo que ya no existe?

Permíteme que comience este capítulo con una cita de Eric Hoffer, filósofo: «Los que están aprendiendo heredarán la Tierra, mientras que los que ya saben estarán perfectamente equipados para vivir en un mundo que ya no existe». ¿No es inquietante?

Echemos ahora un vistazo al entorno. Esto es parte de lo que está ocurriendo:

Yo nací y crecí en la extinguida era industrial. Hoy en Occidente es casi un recuerdo y, sin embargo, demasiadas personas siguen comportándose como si nada hubiera cambiado. Es como seguir echando cuentas en pesetas cada vez que se paga o cobra en euros. La era industrial hoy es una realidad en Oriente, pero no en Occidente, donde vivimos en la era de la información (que derivará en la de la Conciencia).

En este momento, la información, es abundante y a bajo precio, o gratuita. Nunca como ahora el precio de la riqueza fue tan asequible. Ya no son necesarias ni tierras, ni fábricas, ni capital para hacer dinero, sino información de valor. (Yo mismo me considero info-emprendedor porque el conocimiento es la médula de mi profesión). Hoy la economía está siendo sacudida por una realidad desconcertante porque somos una «generación bisagra» entre dos eras: la industrial y la de la información. Como pocas personas son conscientes de ello, siguen aplicando las viejas reglas de juego de la era industrial en la era de la información, y pierden la partida económica.

En la era de la agricultura la riqueza era la tierra.

En la era industrial la riqueza era el capital.

En la era de la información la riqueza es la información.

En la era de la conciencia la riqueza será un nivel de conciencia superior.

Respecto a la información, te diré que los datos aman el soporte digital. ¿Qué significa eso exactamente? Ten por seguro que si algo puede ser digital, lo será tarde o temprano. Cualquier información se puede digitalizar (conversión de átomos en *bits*). Nuestra generación es la generación bisagra, es decir: nació «analógica« pero debe reconvertirse a «digital»; y créeme, desde el punto de vista de la mentalidad eso no es tan sencillo como cambiar la máquina de escribir por un ordenador. O sustituir un televisor analógico por otro digital. Analógicos, este mensaje es para vosotros: tenemos poco tiempo, chicos, así que haced las paces con las nuevas tecnologías. Creo que aún no nos damos cuenta de que en un mundo digital, un particular (pongamos tú) y una empresa (pongamos Microsoft) disponen del mismo poder derivado del uso de unas mismas herramientas informáticas, ¿Vas a usar o despreciar el poder que te iguala a una gran multinacional?

Pero:

El conocimiento es más que información. Es el siguiente nivel. Disponer de información no implica conocimiento. A pesar de que el conocimiento se basa en la información, la información no es conocimiento; ya que poseer datos no implica ni su uso adecuado ni garantiza que su posesión en «memoria» vaya a incorporarlos a los procesos de pensamiento. Pasar de la sociedad de la información a la sociedad del conocimiento requerirá aprender a separar la información imprescindible de la prescindible y sobre todo a incorporarla desde la experiencia.

Esto no ha hecho más que empezar. La complejidad ha llegado y se ha instalado entre nosotros. Tecnófobos, no tenéis ninguna posibilidad. Siento decirlo. Oigo a algunas personas quejarse: ¡Que vuelva todo a la normalidad! No entienden, ¡esto es la normalidad!

La nueva moneda se llama conocimiento, y las personas son pobres o ricas según su grado de conocimiento.

Otra cosa.

Nadie sabe cómo será el futuro, pero todos intuimos que será bastante diferente de lo que ahora podemos imaginar. Encontré una cita inquietante al respecto: «La fábrica del futuro tendrá sólo dos empleados: un hombre y un perro. El cometido del hombre será dar de comer al perro. El del perro será cuidar de que el hombre no toque el equipo». La cita es de Warren G. Bennis, asesor de presidentes de EE. UU. y visionario. ¡Glups!

Mira, la buena información puede hacerte rico; y la mala información puede hacerte pobre. No es una afirmación extraña. Las creencias ya lo están haciendo. Por ello insisto en la necesidad de formarse financieramente y en aprender de por vida. Mis padres me enseñaron desde muy pequeño que la ignorancia es la peor de las pobrezas y que conduce invariablemente a la pobreza espiritual y material.

Hablando de pobreza material, un dato: el número de personas que viven con menos de un dólar al día es de 1.100 millones de personas. ¿Y cuántas viven con menos de un sueño en toda su vida? Muchas más, es otra clase de pobreza... Tengo una cita, aunque no recuerdo su autor: «Un hombre pobre no es el que no tiene un céntimo, sino el que no tiene un sueño».

No puedes no jugar el juego del dinero, pero sí puedes perderlo.

Queramos o no, respecto al dinero tendremos que aprender a: ganarlo, gastarlo e invertirlo. Todos jugamos, unos mejor, otros peor... ¿Estás ganando tu partida? Si no sientes que la estés ganando, éste será tu libro de cabecera en este asunto. La mayoría de la gente lo está perdiendo en este mismo momento; no por falta de posibilidades sino porque desconocen las reglas del juego. ¿Cómo podrían ganar el juego sin las mínimas nociones? Felicítate, este libro contiene las suficientes pautas como para ganar el juego del dinero. Muy pocas personas conocen el «abecé» del dinero que estás a punto de descubrir.

En el nuevo entorno económico las reglas son diferentes y quienes juegan con las viejas reglas se quedan fuera del juego. Los problemas aparecen cuando las personas ignoran las reglas o violan las reglas del juego. Por ejemplo, el concepto de «empleo» está rancio como medio de ganarse la vida. Sí, un empleo es una receta desfasada y aplicarla a un mundo global en la era de la información tiene más desventajas que ventajas.

Mensaje: el único problema de ser empleado es el elevado precio que se paga por ello.

Quienes se adapten a los cambios de la nueva era económica podrán sacar ventaja y disfrutar de más vida. El concepto «puesto de trabajo» ha dejado de tener sentido porque el «lugar» donde se hace un trabajo ya no es determinante (la subcontratación es la punta del iceberg de un fenómeno más amplio: la globalización). Por el contrario, el teletrabajo –o trabajo remoto– sustituirá el desfasado concepto de «trabajo de oficina». ¡Abajo los grises cubículos de mamparas enmoquetadas! No somos peces, ¡no queremos peceras!

Definición de Teletrabajo: «Trabajo desde el sofá de casa». Chulo, ¿verdad? Basta un PC, una conexión ADSL, un móvil y una buena taza humeante de té, de los de verdad, sobre la mesa. Es fruto de la sociedad de la información y se caracteriza por el uso intensivo de las tecnologías de las comunicaciones. ¿Te apetece? Bienvenido pues a una de las modalidades emergentes de contratación basadas en los resultados y la autorresponsabilidad. El teletrabajador es más eficiente, más motivado, más autónomo, más vida familiar, más libre. Y goza de menos estrés, menos corbatas, menos jefes, menos compañeros pesados, y menos desplazamientos. La empresa que lo contrata se beneficia de costes de estructura menores, además de «comprar» resultados, no tiempo. Todos felices. ¿Funciona? Las estadísticas dicen que sí, y hoy el 70% de las empresas que forman el índice Ibex 35 ya utilizan este tipo de contratación. Aun así, los temores y las desconfianzas de los trabajadores y empresas hace que se resistan a acogerse a esta modalidad. Una vez más, podemos comprobar cómo el miedo es el freno más grande de la humanidad.

Ya me has oído decir que, en la era de la información, la seguridad laboral simplemente no existe. Si alguna vez has pensado que un trabajo seguro es más importante que la libertad financiera, te diré que cualquier empleo es seguro hasta el día antes de ser despedido. Un sueldo puede proporcionarte una suma de dinero, sí, pero no puede darte seguridad. La seguridad es una superstición en la mente soñadora del ser humano.

Un empleo seguro es un recuerdo del pasado. Poco a poco irán igualándose en el mercado las condiciones de seguridad de todos los empleos. Tal vez haya aún «empleos blindados» pero cada día más personas –que han perdido su empleo convencional «no blindado»– serán la competencia para un «empleo blindado». Habrá tantos aspirantes a esas plazas que quienes deseen conservar la suya entrarán en competencia con los aspirantes.

La «seguridad» se está fosilizando, la prueba del carbono 14 no engaña.

En la vieja economía los sueldos subían, en la nueva economía bajan. Desde el año 1950 las economías del mundo «iban a más», desde el 2007 «van a menos». La globalización redujo los salarios de los países industrializados un 7% desde 1980 (fuente, FMI). La inflación los ha reducido mucho más. En los últimos 25 años, la fuerza laboral mundial se multiplicó por cuatro y aún crecerá un 40% para el 2050. La ley de la oferta y la demanda dice: mayor oferta, menor salario. Este fenómeno se conoce a pie de calle como: precariedad en los trabajos, mileurismo, contratos basura, etc.

¿Y qué soluciones aportan los Gobiernos? Conceder subsidios, lo cual es «la política de la compasión», pan para hoy y hambre para mañana; programas que mantienen al pobre en la pobreza. De verdad, no creo que se venza la pobreza con subsidios. ¿Y a las multinacionales extranjeras? Les conceden jugosas ventajas fiscales para que no se vayan..., voy a ahorrarme los comentarios. ¿Y los trabajadores, cómo responden a la situación? La OCDE reconoce que los trabajadores han hecho concesiones en los sueldos para mantener el empleo. Y me pregunto, ¿esto es todo lo que somos capaces de hacer?

Seguridad laboral, trabajo de oficina, puesto de trabajo, retiro garantizado, asistencia médica garantizada, empleo fijo… son conceptos que se hacen cada vez más borrosos.

Los gobiernos pretenden aumentar la semana laboral pero no los sueldos. Las empresas conceden aumentos de trabajo pero no aumentos de sueldo. En fin, que los sueldos bajan.

Hubo un tiempo en que tener hijos era garantía de contar con su apoyo económico en la vejez, este modelo funcionó durante siglos. Hoy es de dudosa continuidad. Es al revés. Ahora los hijos apenas pueden mantenerse financieramente a sí mismos. La nueva población activa –mileurista, no emancipada, avalada en sus hipotecas, y ayudada en todo por sus padres– deberá mantener a una multitud que accederá al retiro. ¿Cómo tan pocos podrán ayudar a tantos si ellos mismos requieren de tanta ayuda?

Atención: ¡la generación que sucederá a la presente va a ser la primera –pero no la última– que diga que sus padres vivían mejor que ellos! (de «ir a más» a «ir a menos»).

En resumen, estamos en una nueva era con nuevas reglas; aunque la mayoría sigue comportándose igual que antes; es decir: juega con las reglas de un mundo que ya no existe. Mientras, los empleos emigran, la clase media disminuye, los sueldos bajan, la capacidad de ahorro se evapora, el índice de pobreza aumenta, el endeudamiento familiar crece, aumentan las personas que trabajan después del retiro, y la pensión de jubilación está en el aire. ¿Es que nadie se da cuenta de lo que está ocurriendo?

8

La globalización llegó para quedarse

Los medios de comunicación hablan de globalidad con frecuencia, pero ¿qué es? Para mí, es complejidad y ha llegado para quedarse con nosotros. Tengo la impresión de que aún no hemos visto nada; y en lo sucesivo, deberemos aprender a convivir en un mundo supercomplejo y cambiante.

Inteligencia es la capacidad de hacer distinciones más precisas. Y lo que la globalidad nos dice es que una «mente plana», unidimensional, no podrá entender la multidimensionalidad de la complejidad si no se afina, y mucho, para entender el nuevo mundo.

En mi opinión, Europa ha vivido un paréntesis de 50 años dentro del siglo XX, una etapa excepcional que no garantiza el estado del bienestar en el futuro; entre otras cosas porque en el resto del mundo –a excepción de América del Norte y Japón– nunca ha existido tal cosa. Creo más bien que ahora salimos de una burbuja y regresamos al mundo real. La etapa que empezó en 1950 de crecimiento sostenido y bienestar garantizado (el mayor *boom* económico en toda la historia) ha finalizado, nos guste o no.

La «cultura del merecimiento» es autocomplaciente. Es floja. El estado del bienestar ha fomentado una sociedad acomodaticia y la ha debilitado. Y al hacerlo, hemos entregado al gobierno más poder sobre nuestras vidas. Creo que es tiempo de dejar de exigir derechos y asumir, de verdad, nuestros deberes. Ahora toca apuntarse a la «cultura del esfuerzo» si queremos que nuestro estándar de vida sobreviva. Y es imposible mantener un nivel de vida sin esfuerzo. José Ugarte, dirigente de la mega-cooperativa Mondragón, afirmó: «La gente no tiene ni idea de cuánto tiene que cambiar si quiere conservar lo que tiene. No se dan cuenta de lo rápido que está pasando esto».

Si nuestros jóvenes quieren igualar el estándar de vida de sus padres deberán ponerse las pilas. Y si quieren mejorarlo, me temo que no bastará con un simple cambio de pilas. Ellos no se han encontrado, por suerte, con una guerra mundial de la que recuperarse; pero sí afrontarán una «guerra económica» que se librará en la conciencia y les pedirá el mismo esfuerzo que hicieron sus padres para salir adelante.

¡Zafarrancho de «combate»!

Durante demasiado tiempo, demasiadas personas han pensado que el Estado se haría cargo de ellas. Y esperan que el gobierno resuelva sus problemas financieros. La cruda realidad nos dice que nosotros, y nadie más, somos los responsables de nuestro bienestar financiero. La solución a nuestros problemas económicos no provendrá del Estado, demasiado ocupado en salvar sus cuentas, sino de nuestro coeficiente de inteligencia financiera. Te acabas de cruzar de brazos, y sin embargo sabes que es verdad.

El fenómeno de la globalización ha llegado para quedarse. Es el efecto de los vasos comunicantes que conecta todas las economías del planeta. Es como si se hubiera roto la urna de cristal donde vivían unos 1.260 millones de personas (Norteamérica, Europa y Japón) que les separaba del resto del mundo, otros 5.450 millones de personas. A corto plazo, la globalización es traumática, sobre todo para la minoría que ve cómo su estatus privilegiado se diluye. Al otro lado del mundo, muchos empiezan a soñar con salir de la miseria e ingresar en la clase media.

Entonces, ¿es buena o mala la globalización? Depende: para quien pierde un empleo en Occidente es mala, para quien le releva en Oriente es buena. El Banco Mundial ya avisó de que la redistribución del trabajo en el mercado mundial tendrá un coste para los países ricos. Europeos y estadounidenses pueden sacar partido de la globalización, pero también es cierto que no todos lo harán. Habrá quien gane y quien pierda el juego del dinero. El talento no tendrá competencia en el entorno global, pero los que compitan en precios verán cómo se degrada su economía. Si sumamos todos los efectos, sin duda, creo que la globalización es buena para el conjunto de la humanidad. Lo malo es que ahora toca pagar el precio de la «unificación».

¿España? Bien quisiera pertenecer al G8, pero sería más realista crear un G25 o un G30 para poder asomar la cabeza. No hemos hecho los deberes (nuestro fuerte han sido el sol, los tochos y la inversión foránea –automovilística–; en fin, poca cosa) y la crisis ahora será más indigesta que en otras economías que sí han innovado e invertido. Otra cosa. Avanzar con la carga excesiva de las incontables administraciones públicas resulta penoso (un trabajador español sostiene más funcionarios que el resto de países desarrollados). Y si añadimos la baja competitividad debido a la reducción progresiva de nuestra productividad, el escenario resultante no anima a tirar cohetes. Veamos datos: en el total de España ya hay más funcionarios (crecen) que empresarios (decrecen). En Catalunya tenemos unos quinientos mil emprendedores y unos cuatrocientos mil funcionarios, una diferencia que se ha reducido en un cien por cien en un solo año. Pues sí que vamos bien... para seguir en la cola de todas las estadísticas buenas y en la cabeza de todas la malas.

Aun así, observo el mundo y percibo dos dimensiones (son mentales, no geográficas): en una hay crisis y en la otra todo lo contrario. Hay economías en recesión y otras emergentes. La cuestión es si tú eliges convertir tu economía doméstica en una «economía personal emergente» o en una «economía personal en recesión», sí, al margen de lo que esté ocurriendo en tu entorno inmediato. Ahora mismo escucharás de todo según con quien hables. La exclusividad de las noticias pesimistas no es algo fidedigno, porque se ignora esta multidimensionalidad. Pintan un mundo «plano» donde no ocurre nada bueno. Los medios de comunicación aburren.

Miro un documental en TV, cuentan una historia surrealista pero verdadera: un empleado americano de Tucson pierde su empleo que se «exporta» a Shangai. En consecuencia, un chino consigue un nuevo trabajo, entrará en la clase media, comprará un pisito en un horrible edificio, pero será su hogar. Mientras, como el americano ya no podía pagar su hipoteca es embargado por el banco y le subastan la casa. Planta una tienda de campaña en un «campo de quebrados» con el metro cuadrado muy disputado. Los hay en todo el país. En Shangai, por esas fechas, se fleta un avión entero de inversores chinos que acude a Tucson para asistir a una megasubasta de cientos de casas embargadas. En ese grupo está el patrón del chino que consiguió el empleo del americano; y pujando, pujando, compra la casa embargada. El banco americano hace las paces, ni gana ni pierde. ¿Quién usará la casa? El hijo del patrón chino cuando tenga edad para estudiar en una universidad de Estados Unidos, donde algún día trabajará (y tal vez también llegue a ver exportado su empleo a ultramar). La casa de Tucson tiene un nuevo propietario, y el trabajo se ha mudado de continente. Todo está igual pero es diferente. La vida sigue.

En Occidente, es una opinión, defender puestos de trabajo de bajo valor añadido es un gran error. Proteger esos puestos supone una agonía que terminará, tarde o temprano, en un final más que previsible (exportación de empleo a Oriente). Mientras, la resistencia a cal y canto agrava el problema al consumir un tiempo y una energía muy valiosos; y que invertidos en reaccionar (crear otras fuentes de riqueza) resolverían el problema a medio plazo. A la larga, parapetarse detrás de un puesto de trabajo, con los años o meses contados, engendrará un problema espantoso en las oficinas de desempleados.

Cuanto más se piensa en ello, peor pinta tiene.

¿La solución? Hacer fuerte, de verdad, al trabajador, formándole para un cambio de sector, para un cambio incluso de profesión, para un cambio de mentalidad, ayudándole a entender la necesidad de hacer la transición al nuevo contexto económico, animándole a emprender para crear su propia fuente de ingresos… Siendo muy claro en este momento: diciéndole que las cosas no serán como antes.

9
Inteligencia Financiera y
Libertad Financiera

Al leer el titular de este capítulo tal vez sentiste, en medio de un suspiro, la emoción de un anhelo incumplido. Quisiera acompañarte a realizarlo. Permíteme antes introducir ambos conceptos:

El primer concepto: Inteligencia Financiera (I.F.), que consiste básicamente en dejar de trabajar por dinero –dejar de vender tiempo– y crear un sistema de ingresos múltiples que trabaje para ti. En resumen, la I.F. consiste en dejar de levantarse cada día para ir a trabajar en un empleo. La falta de I.F. es la responsable de que a pesar de trabajar mucho y duramente las personas no ganen suficiente y afronten estrecheces económicas. Un empleo no tiene nada de malo salvo que la mayoría de las personas no desean ser empleados. (A quienes están satisfechos con lo que hacen, y con la retribución que reciben a cambio, les diré que éste no es su libro, pueden regalárselo a un amigo, seguro que encontrará quien lo aprecie.) Los demás, podéis seguir leyendo, escribí este libro para quienes quieren: a) más libertad y b) más prosperidad.

Creo en la necesidad de disponer de varias fuentes de ingresos variables, la mayoría de ellas pasivas. Explicaré el concepto «ingresos pasivos» más adelante. Por el momento, digamos que lo inteligente financieramente es diversificar los ingresos.

Lo que está ocurriendo, debido a la falta de Inteligencia Financiera, es que muchas personas esperan que el gobierno resuelva por ellas sus propios problemas financieros; con lo que están sometiendo su poder personal y su libertad al control del Estado.

Y el segundo concepto: Libertad Financiera (L.F.), que no tiene nada que ver con una cifra de dinero, sino con tiempo. La L.F. se mide con los meses que puedes seguir manteniendo tu mismo nivel de vida si dejas de trabajar. Cuantos más meses, más libre financieramente serás. Todo el mundo debería tener 6 o 12 meses cubiertos. Pero la realidad me confirma que no es así. Te sorprendería saber cuánta gente está a un mes –una nómina– nada más de la quiebra. La L.F. consiste en dejar de preocuparse de dónde saldrá el próximo euro; en definitiva, es el tiempo que no se necesita ingresar ni un euro.

Imagina que posees una cifra en el banco que te permitiría darte el lujo de no trabajar durante 1 o 2 años sin bajar tu nivel de vida, ¿cómo te sentirías? Estoy seguro de que te sentirías relajado cuando las noticias anunciasen un goteo de expedientes de regulación de empleo (ERE).

Permítete aceptar que las personas inteligentes financieramente se programan para obtener ingresos variables mayores cada año. Se piden mejorar el ingreso del año anterior en porcentajes; por ejemplo, el 10%, 20%, 30%, 40%, 50% o más. Claro que esto sólo es posible si se dispone de fuentes de ingresos complementarias variables. Por lo general, las nóminas no crecen más allá del índice de inflación. Como ya sabes, una nómina es un techo y –a menos que se complemente con ingresos variables– un empleo no saca de pobre a nadie.

Las mentes millonarias tienen dos únicas reglas: regla n.º 1) no pongas límites a tus ingresos. Regla n.º 2) nunca olvides la regla número uno.

Los emprendedores piensan en los siguientes términos: se aplican presupuestos anuales de ingresos y después hacen lo necesario para conseguir esa cifra. Las personas podemos «programarnos» para cifras mensuales o anuales de ingresos. Muchos se programan para cifras bajas, o para ingresar lo mismo, año tras año (jamás se plantean ingresar el doble o el triple). Creo que muchos ingresan un promedio del 30 % menos de lo que podrían cobrar porque les «asusta» una cifra mayor. Si ése es tu caso, puedes cambiar esa programación interna y fijar tus ingresos: ¡elegir cuánto vas a ganar!

Cada uno gana el sueldo que se concede a sí mismo, lo que aceptó cobrar. Al margen del valor real de su trabajo, que puede ser muy superior.

Creo «oír» tu pensamiento: «Eso es imposible». Usamos demasiado la palabra «imposible»; y en realidad, nadie sabe qué significa. «Imposible» es algo que no se ha hecho hasta que alguien lo hace. Punto. «El mundo se mueve tan rápido que la persona que dice "no se puede hacer", se ve interrumpida por alguien que lo está haciendo», estoy citando a E. Hubbard. Lo que para ti es imposible lo está haciendo posible alguien ahora mismo.

Un ejemplo de lo mucho que el mundo cambia en poco tiempo: en 1990 había en todo el mundo ¡una sola página web en Internet!, en 1994 eran 10.000. ¿Verdad que cuesta creerlo? Hoy existen unos 2.700 millones de páginas, con 5 millones de altas diarias. Lo mismo ha ocurrido con el correo electrónico: en 1992 sólo tenían cuentas de *e-mail* los gobiernos y las instituciones científicas y universitarias. Hoy no pueden ni contarse porque una cuarta parte de la humanidad (1.600.000.000 personas) usa Internet.

Además de la Inteligencia Financiera (I.F.) necesitarás desarrollar la Inteligencia Emocional (I.E.).

Warren Buffet dijo que un inversor, para ser bueno, debe controlar sus emociones. Estoy de acuerdo. Para mí, la I.E. complementa la I.F. Desarrollar la I.E. implica autodominio: disciplina, confianza, aceptación del error y el rechazo, paciencia sin límites, y preferir la gratificación aplazada antes que la inmediata. Como estos comportamientos son infrecuentes, la mayoría no accede a una situación financiera mejor.

Examina la formula:

Libertad Financiera = Inteligencia Financiera
+ Inteligencia Emocional

¿Dónde está la formación convencional?...

Y ¿El coeficiente de inteligencia?...

Y ¿La suerte?…

En ninguna parte, porque no cuentan para la Libertad Financiera.

Y puesto que en la escuela no se enseña a gestionar ni las emociones ni el dinero, se deduce que no nos preparan para ser libres financieramente. ¿Quieres una prueba? Aquí está: «La paradoja de las notas escolares», que afirma: «En cualquier escuela y promoción, ni los más inteligentes, ni los que sacaron mejores notas serán necesariamente los más ricos de la clase». ¿No resulta molesta esta reflexión? Piensa en ello, por favor.

Punto clave: no es lo que sabes (aptitud), sino quién eres (actitud).

¿Qué es la inteligencia?: es la capacidad de hacer distinciones más precisas. Cada vez más afinadas, más sutiles. Hagámoslas, pues, para los ingresos.

Existen 3 clases diferentes de ingresos:

Ingresos	Descripción
Ganados activamente	Requieren tu presencia y trabajo cada vez que se ganan, una y otra vez.
Ganados pasivamente	Requieren tu presencia y trabajo al principio, pero después se producen casi automáticamente.
Ganados por inversión	No requieren nunca tu presencia, tu dinero trabaja para ti automáticamente.

Una persona inteligente financieramente:

• Diversifica sus fuentes de ingresos en esas tres categorías.
• Sabe que tener un solo ingreso es un riesgo que debe corregir.
• Lleva negocios, carteras de clientes, comisiones por ventas..., desde su casa y en su tiempo libre.

Como el tiempo es limitado, es necesario que parte de los ingresos sean pasivos; es decir: que una vez creados, se repliquen de forma automática. Por ejemplo, una cartera de clientes es una fuente pasiva de ingresos porque una vez generada producirá beneficios indefinidamente.

Es obvio que una persona inteligente financieramente no vende sólo su tiempo. Además vende productos propios o ajenos, servicios propios o ajenos. Los ingresos activos, un salario, son los más frecuentes pero no pueden proporcionar prosperidad ni libertad. No pueden dar lo que no está en su naturaleza. Los ingresos de las mentes ricas son los ingresos pasivos, los procedentes de los negocios y las inversiones (no los que proceden de la venta de tiempo).

Una persona inteligente financieramente, cuando tiene un problema financiero, lo resuelve con imaginación, no con dinero. No se endeuda, no echa mano de sus ahorros –y si lo hace, los restituye–. Va a comisión, o sobre resultados, dispone de ingresos variables. Sólo se da un lujo después de haber creado un flujo de ingresos, pero no antes. Respeta la regla n.º 1 de la riqueza, que dice: «Nunca pongas límite a tus ingresos». Y como sabe que una nómina es un límite, no se interesa por tener una nómina como única fuente de ingresos.

La realidad es que casi todo el mundo piensa que tener un empleo y tener un jefe es lo normal. Yo creo que es lo frecuente aunque no debería ser lo normal. No me parece normal que alguien te diga qué harás y cómo lo harás, con quién, cuándo y dónde trabajarás, qué horario diario seguirás, cuándo descansarás en tu jornada, qué vacaciones anuales te tomarás y cuánto dinero ingresarás. Lo siento, pero por muy frecuente que sea no me parece normal. Y sólo de pensarlo hace que me piten lo oídos y me suba la presión.

Timothy Ferriss en su genial libro *La semana laboral de cuatro horas* (en RBA, nueva empresa), escribe: «Trabajar ocho horas al día es una convención social y un legado anacrónico de medir resultados por volumen. ¿Cómo es posible que toda la gente del mundo necesite exactamente 8 horas para hacer su trabajo? Es imposible. El horario de 9 a 5 es arbitrario». Yo incluso creo que si no hubiese un horario que cumplir, cualquier trabajo se haría en mucho menos tiempo. En la nueva economía no se pagará por las horas, sino por los resultados. Lector, prepárate, cuando te pregunten a qué te dedicas, no digas lo que haces sino qué resultados obtienes.

Concéntrate en conseguir resultados, no en estar ocupado. Si buscas y rebuscas, siempre encuentras una ley con un enunciado sorprendente. Yo encontré la ley de Parkinson, que afirma: «Una tarea crecerá en complejidad en relación con el tiempo asignado». Cuanto más tiempo dispones para hacer algo, más tiempo pierdes en no hacerlo. Es decir, si acortáramos la jornada laboral, haríamos más cosas. Las ocupaciones triviales (80 %) quedarían a un lado y nos centraríamos en las vitales (20 %). ¡Mejorarían los resultados! Ahora entiendo el dicho zen de que menos es más.

¿Quieres conocer el secreto para hacer más cosas?: tener menos tiempo (y no al contrario como se cree). Sí, has leído bien. Por ejemplo, un estudiante rinde más a una semana vista del examen que a falta de un mes. Y un empleado concluye más tareas en la última media hora de la jornada que en todo el día. Es matemático.

Cuando yo era empleado de banca, descubrí que mis clientes más ricos pensaban muy diferente de quienes no lo eran. Aquellos pensaban en grande, mientras que el resto en pequeño. Ambos tienen un cerebro similar, pero una mentalidad diferente. Hacen un uso de su mente muy distinto y ésa es la razón que diferencia sus economías. Sus mentalidades distintas sostienen creencias distintas, que se concretan en actitudes, hábitos y conductas, todo lo cual crea realidades económicas diferentes.

Hay muchas razones, pero una es que los ricos (la lista Forbes de los tíos Gilitos del mundo) conocen el Código del Dinero. Espero que con la edición de este libro se divulgue el Código. Por el momento, unos y otros muestran diferencias a nivel de pensamiento consciente y de creencias inconscientes.

La única diferencia entre una persona próspera y una que no lo es, es que la primera crea su realidad económica conscientemente y la segunda, inconscientemente. Y lo que tienen en común es que ambas la están creando.

A nivel consciente, todas las personas desean el bienestar económico; sin embargo, en el inconsciente medran las limitaciones: miedos injustificados, supuestas imposibilidades, creencias adictivas, prejuicios… Detente por un instante en tu lectura y pregúntate cómo te irán las cosas si no desactivas tus limitaciones interiores.

El problema es que muchos no saben siquiera que tienen un problema por sus creencias inconscientes (invisibles). Hoy sabemos que el inconsciente, con sus programaciones, gobierna nuestras vidas. Y por suerte, el *coaching* financiero resulta muy útil para desvelar todas esas barreras internas a la riqueza.

En resumen, cuando alguien se emplea, está alquilando su intelecto por un sueldo; en cambio, un emprendedor pone su mente a trabajar para él, pues considera que es su ¡«caja de caudales»! (mira por un instante la portada de este libro, es la metáfora perfecta de la mente millonaria). Los emprendedores no se pueden permitir el lujo de alquilarla a otros, ¡la necesitan para ellos!

10
Lo que nadie te enseñó sobre el dinero

Siéntate a mi lado, voy a contarte una de las cosas que compruebo en mis seminarios de libertad financiera, y es que ninguno de los asistentes recibió educación financiera. Ninguno. Si en algo coinciden las personas que acuden a mí es en afirmar: «Nadie me enseñó nada sobre el dinero y cómo ganarlo. Ni mis padres, ni en el colegio, me mostraron cómo salir adelante financieramente». Es una pena porque todos usamos dinero a diario. Con el tiempo, esas personas sintieron que debían hacer algo al respecto y decidieron buscar ayuda y formarse.

Los países no deberían competir con sus sistemas productivos, deberían hacerlo con sus sistemas educativos. Tal vez así mejorasen su calidad. Los esquemas que utiliza la formación reglada en Occidente son de hace uno o dos siglos atrás. Una eternidad. Entras en una escuela de hoy y es igual a como era hace 100 años. Ha cambiado la foto del jefe de Estado y le han dado una mano de pintura a las paredes. Entra en una sucursal bancaria de hoy y compárala con una de hace 50 años y verás la gran diferencia. ¿Dónde está la evolución en el sistema educativo?

Pero ¿alguien cree de verdad que preparamos correctamente a nuestros muchachos para el mundo que encontrarán? Daniel H. Pink –anota este nombre– escribió que el principal problema es la «irrelevancia de los sistemas educativos para las nuevas necesidades». El sistema educativo «planta» la semilla del empleo en las mentes de los jóvenes y cada año produce una promoción-cosecha de futuros empleados.

¿Cuántos empleados ricos conoces? Yo ninguno. ¿Nadie se da cuenta de ese detalle?

Michael Crichton, Míster Bestseller, médico y autor de innumerables bestsellers *llevados al cine, quiso estudiar para ser escritor, se apuntó a Harvard, donde empezó a cosechar malas notas. Desanimado, puso a prueba a su profesor entregándole, como propio, un famoso ensayo de George Orwell. Su profesor ni se dio cuenta del plagio ni le aprobó. Decepcionado, decidió aprender a escribir por su cuenta. Su clave: usar intensivamente la imaginación.*

Cuanto más lees, más te das cuenta de que muchos de los problemas financieros que afrontan los adultos se podrían evitar con una buena formación financiera. Pero en la escuela no se enseña cómo gestionar los asuntos de dinero. En el sistema educativo elemental y superior las calificaciones son la medida del éxito académico, pero en la vida real las calificaciones no sirven. Para empeorar las cosas, los programas miran más hacia atrás –premian la memoria– que hacia delante –penalizan la imaginación–; por eso, en la actualidad, se estudia un mundo que no existe.

Sí, el mundo que estudiamos ya no existe. Si no me crees, mira un mapa político de Europa de hace 30 años y compáralo con uno actual. Hoy, a mí, me suspenderían en geografía política. Por suerte mis clientes no me consultan las capitales de Europa. Ni tampoco me piden mis notas de dibujo o gimnasia. Soy fruto de un sistema educativo que me hizo memorizar la lista de los reyes godos. A día de hoy, aún no he podido encajar esa información en ninguna de mis conversaciones de adulto. Nunca ha salido el tema. ¿Debería olvidarlo?

Lo que aprendimos en la escuela no nos ayudará a ser ni ricos ni libres, aceptémoslo.

Lo que sigue puede parecer increíble, pero es cierto: se nos entrenó para no cometer errores. Nos enseñaron que los errores son malos, lo cual se aparta de la verdad. Los errores son normales y necesarios para aprender. De hecho, cierto millonario recomendó «duplicar la tasa de errores» a las personas que quieran triunfar. Ahí me di cuenta de que yo me había equivocado «demasiado poco» en la vida y me propuse en lo sucesivo duplicar mi tasa de errores. Más errores didácticos, más éxito. Ahora sé que al equivocarme puedo encontrar el camino correcto. Lo recomendable es equivocarse en cosas diferentes cada vez, ¡no repetir los mismos errores! En pocas palabras, la fórmula del éxito es: error elevado a «n» exponencial, por aprendizaje, igual a éxito inevitable.

La formación financiera es la diferencia que marca la gran diferencia en el éxito económico.

Para ganar el doble, o el triple, no hace falta saber, ni trabajar, el doble o el triple. ¿Tiene esto sentido para ti? Te lo explico; por ejemplo, un director de una compañía puede ganar dos veces más que sus colaboradores. No es más inteligente, ni sabe más que todos juntos (al contrario), pero cuenta con ciertas habilidades que los demás no han desarrollado. Otro ejemplo, en las competiciones olímpicas, entre el tercero y el cuarto clasificado puede haber una diferencia insignificante, milésimas de segundo, pero lo suficiente para que este último no suba al podio.

No estoy diciendo que no te formes, o que no envíes a tus hijos a la universidad, sólo afirmo que hoy una carrera o un máster no garantizan libertad financiera. Es necesario, pero no suficiente, contar con un título. Máxime cuando según estudios de la OCDE la educación superior de nuestro país tiene la rentabilidad más baja entre los países desarrollados. Lo que sí va a marcar la diferencia es una estrategia alejada del consabido: «Estudia, licénciate, busca un empleo seguro, trabaja mucho, ahorra y jubílate con una pensión». Paradigma casposo (sería lustroso si fuera verdad). No, no me parece una receta sofisticada y lo peor es que ya no funciona: ¡es la receta del desastre!

Hoy los licenciados saben más que nunca y ganan menos que antes… Una buena educación académica es necesaria pero no garantiza el éxito financiero.

Pero.

En un mundo de cambios, la autoformación constante es necesaria para no quedar atrás. Si deseas éxito en tu campo, tendrás que formarte siempre y para ello tendrás que diseñar tú mismo tu «plan de estudios». ¿Entiendes por qué Mark Twain dijo: «Nunca he dejado que la escuela interfiera en mi educación»?

¿Es Europa el continente culto? En los libros de historia y en los museos tal vez lo sea, pero no en las universidades. Veamos cómo funcionan las cosas a este y otro lado del Atlántico. Los premios Nobel pueden ayudarnos a esclarecer este punto. Y lo que se deduce de las estadísticas es que los premiados formados en universidades americanas ganan por goleada a los formados en universidades europeas (en una proporción de siete a uno). ¿La razón? En Estados Unidos dedican a educación superior el 2,9% del PIB mientras que en Europa se dedica el 1,5%: la mitad. No es una casualidad que lideren, de momento, la técnica y la ciencia. Por cierto, en España ninguna de nuestras universidades figura entre las cien mejores del mundo. La marcha de la economía es una conclusión inevitable de todo ello.

Ahora mismo China produce el doble de técnicos que EE. UU. Las universidades asiáticas han tomado la delantera mundial en la formación tecnológica, de modo que en unos años no sólo fabricarán los productos de alta tecnología –como ya hacen–, sino que también los diseñarán. Puedo imaginar a europeos y americanos emigrando en busca de una oportunidad en Asia, tratando de hacer fortuna allí como en el pasado muchos la buscaron en Europa o en América. Cuántas vueltas da la vida.

El megagurú Alvin Toffler escribió: «El sistema educativo es una organización de segunda fila, estilo fábrica, que bombea información obsoleta, de formas obsoletas, en unas escuelas que no están conectadas al futuro de los niños».

Demoledor.

11

Inteligencia financiera aplicada

Antes de leer este capítulo debes saber que la inteligencia puede desarrollarse y que no depende de los genes.

La persona inteligente financieramente lo es porque es capaz de hacer distinciones muy refinadas. En su vocabulario incluye palabras tal como: «activo» y «pasivo», «ganancias de capital» y «ganancias de renta», «empleado» y «empleador», «inversión» y «ahorro», «interés compuesto» e «inflación compuesta». Y conoce las diferencias que hay entre ellas. Lector, si aún no conoces cómo afectan estos conceptos a tu cuenta corriente tienes tres opciones: a) venir a uno de mis seminarios, b) comprarte varios manuales de economía de divulgación, c) seguir perdiendo dinero.

Otra de estas distinciones es la de «ingreso óptimo» e «ingreso pésimo». Pero ¿hay ingresos pésimos? En cierto modo sí: el ingreso pésimo es el que se produce puntualmente o una sola vez; y el ingreso óptimo es el que se produce periódicamente como un flujo. Veamos un ejemplo: ¿qué preferías cobrar de una sola vez un millón de euros o cobrar 1 céntimo el primer día de mes, 2 céntimos el segundo, 3 céntimos el tercero... ir doblando cada día hasta el día 31 del mes? Una persona sin educación financiera elegiría la primera opción: una cifra puntual. Una persona inteligente financieramente elegiría la segunda opción: un flujo de ingresos crecientes que le reportarían… ¡más de 21 millones de euros! en 31 días. Si no lo crees, haz los números.

Otra distinción inteligente es la de «gasto bueno» y «gasto malo». ¿Gasto bueno?, ¿no eran todos malos? El gasto bueno se paga a sí mismo (es una inversión disfrazada de gasto). El gasto malo lo paga quien lo hace y no lo recupera nunca (es un despilfarro disfrazado de necesidad). Te animo a hacer mucho gasto bueno, y muy poco del malo. Te puedes hacer rico si aprendes a gastar bien tu dinero. «Demasiadas personas gastan dinero que no han ganado, para comprar cosas que no desean, para impresionar a personas que les caen mal», Will Rogers.

Amén.

El «gasto malo» es primo hermano del «gasto emocional». ¿Emocional?, sí, aquel que se hace para compensar una insatisfacción. El autoregalo terapéutico. ¿No conoces terapias más baratas? La «shopping-terapia» puede elevar el ánimo, momentáneamente, pero cuando llegas a casa –con compras innecesarias– te deprimes al darte cuenta de lo que has hecho. «Quien compra lo que no necesita, venderá lo que necesita», proverbio árabe. Y otro proverbio, ignoro su procedencia, afirma que quien compra lo que no necesita se roba a sí mismo. Si la humanidad consiguiera erradicar del planeta la pandemia del «gasto emocional», se ahorrarían trillones de euros al año. Si ese mismo dinero se invirtiera en la creación de micronegocios personales, aumentaría la riqueza y felicidad global.

Hazte estas dos preguntas para eliminar el gasto emocional de tu vida:

1. Gastar dinero en esto ¿me hará más rico o más pobre?
2. ¿Realmente quiero comprarlo o sólo pretendo sentirme mejor?

Sigue esta dos reglas antes de hacer un gasto de cualquier clase:

1. Nunca gastes en algo que valga más de 100 euros sin dejar pasar 48 horas para reflexionar sobre la compra.
2. Nunca pagues con tarjeta o a crédito, hazlo siempre en efectivo. Entregar billetes se hace más «incómodo».

La escritora Janet Attwood, la conozco y es sincera, dijo: «Hacer dinero y crear riqueza son habilidades que la mayoría de las personas deben aprender. Tener dinero y riqueza requiere inversión de tiempo y energía para aprender esas aptitudes». Aprendámoslas.

Conozco 12 acciones que incrementarán (desatarán) tu coeficiente de inteligencia financiera. Pon plena atención, vas a conocer los hábitos de las mentes prósperas.

Pongámonos en marcha con estas acciones inmediatas:

1. *Revisa tus creencias sobre el dinero*. Escríbelas y luego cuestiónate, una por una, si son verdad o no. En mis cursos siempre formulo esta pregunta: ¿Cuáles están frescas, y cuáles están rancias? Lo sabrás por cómo te sientes con cada una. Si te hace sentir pequeño o te hace sufrir, no es cierta. Te sorprenderá saber cuántas limitaciones medran en la mente. Lo que he aprendido como *coach* es que todos

creemos cosas que simplemente no son ciertas pero lo parecen porque siempre las hemos pensado.

2. **Complementa tu nómina con otras fuentes de ingresos**. Desarrolla, en paralelo, otras vías para ganarte la vida y gana así la forma de vida que deseas. Al principio es una afición, después se trata de una afición retribuida para pasar a convertirse en una fuente de ingresos. Tal vez, un buen día, se convierta en el corazón de tu negocio. No dispongo de estadísticas, pero sé que muchos buenos negocios han empezado así: poco a poco.

3. **Págate primero a ti mismo**. Lo que casi todos hacen, a primeros de mes, cuando cobran su salario, es pagar a todo el mundo menos a ellos. ¡Se olvidan de pagarse a sí mismos, que son quienes lo han ganado! Pero si no te pagas a ti primero, ¿quedará algo cuando todos se hayan llevado su bocado? Si pagas a todos menos a ti, entonces trabajas para los demás: tu banco, tus compañías de servicios, tu gobierno, tu casero... Solución: retira automáticamente un 10% de tu sueldo –en el momento de recibirlo– a una cuenta que te permita reunir la suma que precisas para iniciar tu propio negocio. Y después paga tus cuentas. Siempre en este orden.

4. **No te endeudes con alegría**. Y si ya tienes deudas, proponte reducir tu deuda actual como objetivo prioritario. Hasta tal punto que dejes pasmado a tu banquero. La deuda te convierte en un «trabajador» del prestamista, es decir de los bancos o las compañías financieras. Paga en efectivo, reduce el uso de tarjetas. Comprar a crédito es en realidad «hipotecar» tu trabajo futuro. ¿Y tú no querrás eso para ti, verdad?

5. *Fijate objetivos de ingresos crecientes cada año*. Por ejemplo, un 10% más. Si eres empleado esto no es posible pero si dispones de fuentes de ingresos variables, podrás presupuestar *la cifra que deseas ingresar cada año*. Una vez fijada, deberás fijar las acciones que te conduzcan a conseguirla. Es como empezar la cuenta de resultados por el final: dime cuánto quieres ganar y te diré lo que tienes que vender.

6. *Crea diferentes fuentes de ingresos pasivos*. No vendas todo tu tiempo, invierte parte de él en crear fuentes de ingresos que trabajen para ti. Tus activos. Tus fuentes de ingresos en propiedad. Supongo que entiendes la necesidad de disponer de varias fuentes de ingresos para cubrir la contingencia de que una de ellas se seque.

7. *No entierres tus talentos en un trabajo anodino*. Desarróllate en algo que te apasione y pon tu talento al servicio de los demás, y el dinero llegará. Convierte lo que sabes en un servicio, en un negocio, en dinero. Imagina qué puedes ofrecer que, además de hacerte feliz a ti, haga feliz a otras personas y en consecuencia te proporcione flujos de dinero. ¡Basta ya de trabajar sólo por dinero!

8. *Fórmate financieramente con buenas lecturas*. Biografías, cursos de personas que son un ejemplo de inteligencia financiera. Gente que te enseñe «cómo lo hizo», no gente que te explique «cómo le han dicho» o «cree que se hace». Busca un testimonio real, no teórico. Adicionalmente, fórmate en tu campo profesional (en lo «tuyo»), en tu proceso de mejora continua. Y nada te detendrá.

9. ***No trates de resolver tus problemas de dinero sólo con dinero***. Hazlo con creatividad para que no sean un problema nunca más. Espero que aprendas que los problemas de dinero no se deben a la falta de dinero sino a la ausencia de cierta mentalidad. Tu trabajo está en desarrollar una mentalidad próspera. Como he dicho, el dinero no trae la prosperidad pero la mentalidad próspera trae siempre dinero.

10. ***Contrata un*** **coach** *financiero*. Un experto que te pedirá más de lo que tú mismo haces. Éste es mi minuto de publicidad, así que voy a aprovecharlo: soy productor de sueños, y en mis cursos aprenderás a pensar sin limitaciones. Si necesitas recibir *coaching* a distancia, dispongo de varios programas *on line* (visita mi página web de *coaching on line*).

11. ***Piensa en grande***. Pasa a tu siguiente nivel. Cuesta lo mismo que pensar en pequeño pero proporciona resultados muy diferentes. Imagina tu ideal de vida para los próximos tres años, traza un plan con fechas, y pasa a la acción sin excusas. Te aseguro que en sólo tres años puedes conseguir más de lo que te imaginas (dar un giro a tu vida). La grandeza no depende del tamaño, es una cualidad interior. No es preciso que crees un *negocio grande,* pero sí que sea un *gran negocio*. ¿Ves la diferencia?

12. ***Empieza en pequeño***. Hoy día se pueden crear fuentes de ingresos con muy pocos medios (con un ordenador, una conexión a Internet, un móvil), apenas inversión, desde tu casa, con algunos contactos…y arrancar tu negocio personal en tu tiempo libre. Piensa en grande pero empieza en pequeño.

Doce hábitos que funcionan, pero no me creas: compruébalo por ti mismo.

En resumen, el hábito del máximo logro que más me ha ayudado desde siempre tiene una formulación algo vaga pero es tremendamente eficaz; y es la siguiente: «Hacer lo necesario durante el tiempo necesario». Es mano de santo.

12
Conciencia y dinero

La siguiente cita de Harry Palmer (autor del método de exploración de la conciencia «Avatar») deja las cosas bastante claras: «No pedimos disculpas por ser prósperos y poderosos. Quienquiera que haya creado la creencia de que la pobreza y el servicio al mundo van de la mano, le ha costado a la humanidad la ayuda de algunas personas brillantes. La prosperidad y las buenas obras van juntas».

Está en tu naturaleza manifestar tus deseos y si eso no ocurre es que algo anda mal, pero no ahí fuera en el mundo sino en la mente, donde opones resistencia a tus creaciones. ¿Cómo puedes saber que puedes realizar tus deseos? Es sencillo: si puedes imaginarlo puedes manifestarlo.

Después de leer varias veces la siguiente afirmación, vas a retenerla para siempre: «La prosperidad es un estado mental». Y como tal se manifiesta en el ámbito emocional y material. Refleja mucho más que una situación financiera y por ello no puede reducirse a un saldo ni valorarse mediante cifras. La riqueza es un estado mental, sí. Ya sabemos que nuestros pensamientos influyen en la materia, en nuestro cuerpo, y más allá. Moldeamos el mundo con el pensamiento y esto afecta también a nuestra cuenta corriente en el banco.

En este libro, juntos, examinaremos uno de los aspectos de la prosperidad (el dinero), pero no todos. Para mí, la prosperidad incluye mucho más que dinero; por ejemplo: amor, salud, energía, relaciones, humor, tiempo libre, independencia, equilibrio, libertad, paz interior, alegría, coherencia, significado, conocimiento y satisfacción personal…

Los problemas económicos nunca son de dinero, sino de cómo te relacionas con el dinero, ya sea en:

- La forma de pensar en dinero.
- El modo de sentirte respecto al dinero.
- Los hábitos respecto al dinero.

Los pensamientos, las emociones y los hábitos crean prosperidad, pero también escasez.

El siguiente texto es de Joe Vitale autor de *El poder de la atracción* (Ediciones Obelisco): «Creo que nuestro planeta es lo que fue descrito en un episodio de la serie de televisión *Star Trek*, "El permiso". Cuando Kirk y su equipo toman tierra sobre un planeta, comienzan a experimentar acontecimientos extraños. McCoy ve un enorme conejo blanco. Sulu ve a un antiguo samurái que le persigue. Kirk ve a un antiguo amor y a un antiguo rival compañero de clase. Después de experimentar las alegrías y las penas de estos acontecimientos, finalmente la tripulación se da cuenta de que están en un planeta que lee sus pensamientos y su memoria. Creo que la Tierra es ese planeta». Yo también lo creo.

Hecho probado: cuando se aprende a pensar en términos de prosperidad, invariablemente la mente crea riqueza. Me refiero a toda clase de riquezas. Porque cuando se modifica el mundo interno, el mundo externo –la realidad– se modifica también.

Lo que haces para ganarte la vida importa y mucho, al margen del tamaño de la cifra a final de mes. Nadie debería ganarse la vida en aquello que no tiene que ver con sus valores. La incoherencia entre lo que se es y lo que se hace es una de las fuentes más grandes de infelicidad. Ir cada día a un lugar que no le habla al corazón, sólo porque a fin de mes hay una paga, deja mucho que desear. Es triste.

¿Trabajarías en una fábrica de armas por un sueldo? La mayoría de las personas no lo haría, pero las hay que sí lo hacen. ¿Trabajarías para una empresa que produce un producto pernicioso para la salud o daña el medio ambiente? Pues son muchas las que hacen una cosa o la otra, o ambas a la vez, y sus empleados nunca se lo han cuestionado. ¿Trabajarías para una empresa sin conciencia social? La mayoría no la tienen y carecen de una misión social. Y aun así, cada mañana legiones de trabajadores acuden a sus empleos y entregan su energía, su tiempo y su talento en proyectos en los que no creen... por una nómina. ¿Es eso tener conciencia? Yo creo que no.

Ser conscientes con lo que se hace con nuestro dinero es importante. En la banca, cuando los clientes llevan su dinero preguntan a la entidad qué les dará por su dinero (tipo de interés) pero nunca preguntan qué harán con su dinero. Deberíamos preguntarlo. Lo que se hace con nuestro dinero es importante. ¿Te gustaría que tu dinero financiara la venta de armas? Por supuesto que no, y aun así bancos de todo el mundo invierten o financian empresas que, siendo legales, son poco éticas en su comercio, con el trato al entorno o a las personas.

Lo primero que quiero dejar bien claro es que el dinero no es ni bueno ni malo, todo depende de lo que se haga con él. El dinero tiene mala fama, pero es neutro. Como lo es un cuchillo que puede servir para cometer un crimen o para preparar con amor una comida. Ahí fuera, en la realidad, absolutamente nada tiene un sentido intrínseco, salvo el que cada uno de nosotros le otorga. Es el ser humano quien convierte el dinero en una bendición o una maldición. A mí me gusta pensar en cuántas causas justas y humanitarias son financiadas con dinero. Siempre pienso en el uso más humano del dinero.

La persona promedio desea más dinero, pero en el fondo tiene creencias muy negativas sobre él. Por ejemplo, puede creer en la incompatibilidad entre ganar dinero y llevar una vida espiritual. Algunas personas que se consideran a sí mismas espirituales hablan mal del dinero pero suspiran cuando piensan en él. «¡Ah, si Dios tan solo me diera una señal clara! e hiciese un gran depósito a mi nombre en un banco suizo...». (Comentario de uno de los personajes del cineasta Woody Allen). Pero yo no creo que lo vaya a hacer…

Me resulta triste contar que conozco personas excelentes y que hacen un buen trabajo en el campo de la conciencia pero que están «disgustadas» con el dinero. Por algún motivo, que creo incluso que ellas desconocen, lo detestan. Al final, abandonan agotadas su proyecto por falta de recursos y buscan resignadas una ocupación convencional. Lástima, le han fallado a su proyecto.

Por suerte, emergen con ímpetu los «emprendedores sociales»: personas con una visión empresarial y a la vez comprometidos con la conciencia y los valores. Estas personas están formadas en universidades, han trabajado incluso en multinacionales y ahora desarrollan proyectos que conducirán a la humanidad a un nuevo nivel de conciencia. Trabajan en una visión en la que creen y que contribuye a un mundo mejor. Son idealistas pero con la cabeza bien amueblada, gente espiritual y a la vez pragmática. Algunos han creado fundaciones o empresas para promover diferentes causas sociales.

Shari Arison es la mujer más rica de Israel. Su negocio incluye los bancos más importantes de su país, que controlan un tercio de la actividad bancaria de su país, y una empresa de cruceros de lujo. Pero además es conocida por su apoyo a la conciencia de la paz a través de su grupo Essence of Life. Una organización enfocada a elevar la conciencia humana para la paz interior tanto en Israel como en el mundo. También es presidenta de All One, una organización para establecer un debate global sobre el nuevo paradigma de la realidad que se resume en: «Todos estamos conectados, y somos parte de Uno». Organizaciones sin ánimo de lucro, de corte New Age, para fomentar la responsabilidad individual y colectiva de la paz. Shari Arison también participa en Good Spirit, una organización que dinamiza el voluntariado y asiste a las personas que están interesadas en el voluntariado.

El de las empresas con alma es un fenómeno que va a más. En España, por ejemplo, la empresa MRW de mensajería es un caso destacado de compromiso social y apoyo a una larga lista de ONG, además de apoyar a colectivos vulnerables enviando gratuitamente a todo el mundo el material de infinidad de campañas solidarias. Su carismático líder, Francisco Martín Frías, se pregunta cada día: «¿A cuántas personas habremos ayudado ayer con nuestra actividad empresarial?». Te invito a hacerte esta interesante pregunta cada día cuando te levantes.

El equilibrio es la señal de identidad del Universo, es el resultado de la creatividad de la Naturaleza. En la Naturaleza hay armonía. En la mente del hombre, es frecuente el egoísmo, y esa desarmonía es la causa de la escasez. Fíjate en la naturaleza, ofrece sencillas lecciones y entrega inmensas recompensas a quien sabe apreciarlas. Reúnete a menudo con la Naturaleza: contempla las estrellas, pasea por un bosque, escucha sus rumores, asómbrate con sus colores, abraza un árbol, siente el agua en tu piel, saborea un instante de eternidad, respira el cielo entero. Todo eso está a tu disposición.

Y como parte de ella que eres, tú también puedes participar en el proceso creador. Todo es energía manifestándose en distintos niveles de vibración. Los pensamientos también poseen cierta clase de energía. Según son nuestras percepciones, así son las experiencias, ya que la vida de cada ser humano es la *historia novelada* de sus representaciones interiores.

En resumen, el pensamiento se convierte en «cosas»: los pensamientos ricos, en riqueza; los pensamientos pobres, en pobreza. Así la afluencia de dinero en tu vida es el «marcador» donde se refleja qué tal estás jugando el juego del dinero. Si deseas mejorar tus ingresos, deberás aprender a jugar mejor y desarrollar más destrezas. Y si no sabes fehacientemente que estás ganando el juego del dinero, es que lo estás perdiendo. Recuerda que la mente positiva es el origen de toda riqueza, material o inmaterial.

Ve a tu librería favorita y hazte con una docena de libros sobre el poder de la actitud mental positiva, pueden hacerte rico y espero que también feliz.

13

El vocabulario de la riqueza

Las palabras, además de describir la realidad, también la transforman. Si quieres cambiar tus experiencias, cambia las palabras que usas para referirte a ella y notarás la diferencia. Somos nuestras palabras. Y nuestro vocabulario nos define. Y para tomar posesión de tu vida precisarás un vocabulario poderoso, no uno débil. De modo que elígelas con sumo cuidado, como eliges a tu pareja.

Te conviertes en tus palabras.

He comprobado, atendiendo a los asistentes a mi curso, que las personas felices y prósperas hablan un *dialecto* propio, y las que no lo son, también tienen su propio *dialecto*. El idioma es el mismo pero suena diferente. El modo de hablar de cada persona describe minuciosamente lo que está obteniendo. Sus palabras son el mapa que describe su viaje por la vida.

Primero pronuncias una palabra, poco después ella *habla* de ti.

Las palabras pueden hacerte rico o pobre: son una palanca para ambas cosas. Siempre afirmo que las palabras son gratuitas, no cuestan dinero, pero pueden costarte tu dinero.

Tus palabras moldean tu realidad:

Palabras pobres, resultados pobres.
Palabras prósperas, resultados prósperos.

Quisiera que entendieses que para hacer dinero no necesitas dinero, sino un mejor vocabulario.

Por ejemplo, hay palabras muy pobres como: *fácil, difícil, suerte, imposible, problema, fracaso, intentar, miedo...* Y palabras muy prósperas como: *misión, compromiso, ilusión, servicio, oportunidad, confianza, inversión, pasión...* Este libro te enseñará el vocabulario básico para desarrollar tu inteligencia financiera y que contribuirá a tu educación financiera.

El dinero tiene su propio lenguaje (igual que la medicina tiene el suyo, la astronomía tiene el suyo, la mecánica tiene el suyo, y la botánica tiene el suyo, etc.). Es decir, su propia jerga. El problema está en que la mayoría de las personas no conocen el lenguaje del dinero y en consecuencia pierden el juego del dinero. ¿Podrías abrirte camino profesionalmente en un país del que desconoces la lengua? Claro que no. Si en la escuela se enseñase el leguaje del dinero, los problemas financieros serían erradicados de la Tierra (como lo fue la viruela en su día) y contaríamos con más emprendedores libres financieramente que empleados luchando en «la carrera de la supervivencia». Lo que puedo sugerirte al respecto es que aprendas ese lenguaje de la manera que se aprende cualquier lenguaje: hablándolo y leyéndolo.

El premio de ganar «la carrera de la supervivencia» es sobrevivir pero no vivir.

Pasión, adoro esta actitud. La vida de cada cual es su actitud. Si quieres cambiar tu vida tendrás que cambiar tu actitud. En mi caso, junto con la disciplina es lo que más me ha ayudado siempre y forman un cóctel invencible (mi cóctel: «pasión & disciplina»).

Isak Andic, Míster Mango, es el segundo hombre más rico de España. Junto a su hermano, creó la cadena de moda Mango, hoy presente en todo el mundo. Isak, con sólo 18 años, llenaba con camisetas indias y zuecos el maletero de su coche para venderlos por los mercadillos del país. Cuando el género ya no le cabía en su tenderete ambulante, alquiló un pequeño almacén. Hoy posee el mayor centro de diseño textil de Europa, con una plantilla formada por un 80 % mujeres y con personas de docenas de nacionalidades diferentes. Su secreto: la ilusión, la disciplina y la pasión.

Por las palabras que usa una persona, y sus expresiones más habituales, puedo descubrir cuáles son sus creencias inconscientes. Basta con escucharla hablar. He concluido que una de las razones por las que muchas personas no salen de sus dificultades económicas es porque utilizan un vocabulario deslucido.

Las palabras, débiles o poderosas, son el alimento con el que nutres tu mente (el mayor recurso con el que cuentas para crear tu realidad; vuelve a mirar la portada de este libro).

Todo lo que hay en la realidad es resultado de una idea previa, aun si lo fue en la mente de Dios en el inicio de los tiempos. Este hecho queda verificado por el axioma: si lo puedes ver en tu mente podrás verlo en la realidad. La neurociencia ha descubierto que para crear nuevas realidades es preciso pensar «fuera de lo establecido»; es decir, al margen de lo que está ocurriendo, y centrarse en lo que *deseas* que ocurra. Alguien dirá que eso es evadirse de la realidad, y en cierto modo así es, pero no para huir de ella sino para crear otra realidad nueva.

Pensar es duro, lo sé, y pensar «fuera de lo establecido» es más duro aún porque es como «ir contra corriente». Como «pensar fuera de lo establecido», o al margen de lo que está ocurriendo, resulta muy difícil para la mayoría de la gente, muy pocos son diestros en el arte de modelar su realidad usando la mente. Henry Ford dijo: «Pensar es el trabajo más duro que existe. Y por eso muy pocas personas lo realizan». Sí, es verdad, se escabullen de la tarea de pensar.

Ernest Holmes, autor de *Atraer la riqueza y el éxito*, (Ediciones Obelisco) escribió: «No veas nunca la limitación; no pienses en ella y, por encima de todo, no hables jamás con nadie sobre limitación alguna. Aférrate a lo más grande que puedas imaginar y afirma que te pertenece. Percíbelo con tu visión mental y sostén que ya es un hecho, y podrás comprobar por ti mismo que la vida no tiene límites». Lo que me recuerda esta cita es que puedo mejorar mi economía empezando por el pensamiento. Ahora sé que las economías se *encogen* varias tallas porque las personas también dejan de *crecer* y no son capaces de crear su siguiente realidad tal como la desean.

Cuando el pensamiento y las palabras que lo expresan se empequeñecen, la realidad le sigue en su viaje hacia lo minúsculo.

14

Las 30 preguntas que te harán pensar

Lo que sigue es tan increíble que casi nadie lo cree: la calidad de las preguntas que te formules determinará la calidad de las respuestas que obtengas en la vida. Grandes preguntas, grandes experiencias. Pequeñas preguntas –o ninguna–, pequeñas experiencias.

En este capítulo te enseñaré a hacerte las preguntas que las personas financieramente inteligentes se hacen a menudo. Piensa, actúa y habla como si fueras la persona que deseas ser y, garantizado, te convertirás en esa clase de persona.

Las preguntas amplifican tu pensamiento y te ayudan a pensar en grande. Cuando te centras en preguntas grandes de verdad, estás literalmente rediseñando tu cerebro porque cambias la estructura de tus circuitos neuronales.

Antes, voy a darte 3 pautas cuyo éxito he comprobado, una y otra vez, en mis clientes.

1. Si quieres tener prosperidad, antes deberás pensar y comportarte como una persona próspera.
2. Si deseas obtener algo diferente, antes deberás formularte preguntas mejores.
3. Si anhelas pasar a tu siguiente nivel, antes deberás trascender tus creencias actuales.

¿Nunca has soñado con dar con una pregunta cuya respuesta pudiera cambiar el resto de tu vida? Eso es lo que va a suceder si sigues leyendo y te formulas las 30 preguntas que seleccioné para ti. ¿Y no has soñado con mantener una conversación que lo cambie todo? Eso es lo que sucede en las sesiones de *coaching* financiero en nuestro gabinete.

Si deseas dar un paso de gigante hacia la vida que deseas, deberás empezar a formularte buenas preguntas. El emprendedor lo es porque en algún momento se ha hecho a sí mismo algunas de las siguientes preguntas:

1. ¿Cuáles son mis creencias sobre el dinero?
2. ¿Qué me parece hoy imposible sobre el dinero que si fuera posible lo cambiaría todo?
3. ¿Qué haría de mi vida si dispusiera de 1 millón de euros?
4. ¿Qué talento poseo que pueda convertirse en dinero?
5. ¿Qué habilidades precisaré desarrollar para progresar en mi profesión?
6. ¿Qué formación necesito para dar un gran salto en mi profesión?
7. ¿Qué es lo peor y lo mejor que puede ocurrirme si me dedico a lo que más amo?
8. ¿Qué habilidades y talentos poseo y no aprovecho al 100%?
9. ¿Cuáles van a ser mis metas económicas a corto, medio y largo plazo?
10. ¿Cómo puedo aumentar el valor de mis servicios o productos?

11. ¿Qué actividades pueden conducirme a la independencia financiera?

12. ¿Cuánto dinero quiero ahorrar e invertir en los proximos tres, cinco, diez años?

13. ¿Qué ingresos pasivos puedo crear para liberar mi tiempo?

14. ¿Cuál es mi cifra objetivo de ingresos para el próximo año y siguientes?

15. ¿Cómo podría hacer funcionar un negocio sin mi presencia?

16. ¿Cómo puedo generar fuentes de ingresos adicionales para conquistar mi libertad económica?

17. ¿A qué clientes les gusta a los bancos prestar su dinero y con qué fin?

18. ¿Cómo puedo doblar mis ingresos y reducir mi deuda?

19. ¿Cómo puedo proteger mis ingresos de los impuestos?

20. ¿Si mi empleo desapareciera de la faz de la tierra, qué otras ocupaciones me inspirarían?

21. ¿Cuál es la cifra de ingresos para la que estoy programado ahora?

22. ¿Cuántas personas antes de mí han conseguido lo que yo quiero?

23. ¿Quién es mi referente de éxito?

24. ¿Cuál es el valor de lo que ofrezco?

25. ¿Qué aspecto debería tener mi vida en los próximos cinco años?

26. ¿Cómo puedo mejorar mi oferta y ofrecerla a más personas?

27. ¿Qué me gustaría hacer que a la gente le gustaría comprar?

28. ¿Qué habilidades necesitaré desarrollar para avanzar a mi siguiente nivel?
29. ¿Quién puede ayudarme o enseñarme?
30. ¿A qué edad deseo retirarme y con qué respaldo financiero?

Puedo sentir la vibración del eco de tus respuestas llegando a mí. Y me agrada que ensanches tu amplitud de miras. Ahora estás pensando en grande...

Sé que en lo sucesivo no subestimarás el poder de las buenas preguntas para crear nuevas realidades.

Las 30 preguntas creadoras de riqueza que te acabas de formular parecen preguntas simples, pero no te engañes por las apariencias, las diseñé para que produzcan un efecto primero en tu inconsciente y después en tu economía. Estoy seguro que desatarán al gigante que hay dentro de ti y que pide abrirse paso.

Si deseas más, en el apartado «recursos» de mi *web* www.raimonsamso.com encontrarás un *stock* de preguntas adicionales. Y también puedes leer mi libro *Cien preguntas que cambiarán tu vida en menos de una hora* (Ediciones Obelisco).

Si tuviera que elegir un concepto de este capítulo me gustaría que recordaras esto: una persona extraordinaria es una persona ordinaria que se formula preguntas extraordinarias.

15
El cambio ya ha empezado

En unos años, se han producido cambios en el mundo que, tal vez en su día, pasaron inadvertidos entre un maremágnum de noticias banales. Son, sin embargo, hechos importantes cuyos efectos ya se están manifestando ahora y otros lo harán pronto con la fuerza de un «tsunami» económico. Veamos algunos de los acontecimientos que ya han cambiado el mundo para siempre:

Allá por los años setenta del siglo pasado, Deng Xiaoping declaró: «Hacerse rico es glorioso». Así dio la salida en la carrera de la economía china hacia el «capitalismo rojo». Fue un aviso, probablemente no tomado en serio, de que iba a nacer un gigante económico. Si le preguntamos a un ciudadano chino: ¿comunismo o capitalismo?, responderá: «Qué más da que el gato sea blanco o negro mientras cace ratones». Sí, ratones: dinero. Y están cazando muchos.

En 1989 se desmantela el muro de Berlín, y el sistema comunista empieza a desintegrarse y desaparece de la faz de la tierra. En pocos años el comunismo se evapora. No defiendo ningún sistema económico, lo único que deseo señalar es el hecho de que desaparece el sistema económico que defendía al trabajador por un lado y que repartía la pobreza entre todos por el otro. En contraprestación a semejante precio, en el sistema comunista existía la seguridad en el trabajo, la vivienda, la sanidad, las pensiones y la educación; hoy, todas esas seguridades se han evaporado.

En la década de 1990-2000 el mundo vive una revolución en las comunicaciones y la informática: los PC se generalizan, Internet entra en nuestras vidas y negocios, el correo electrónico comunica personas, aparece el teléfono móvil, los motores de búsqueda en Internet democratizan la información, las redes sociales entregan el poder a las comunidades, la explosión de programas informáticos multiplican la productividad en el trabajo... Son tantas las transformaciones, que se puede hablar de un traspaso de una generación «analógica» a una «digital». El cóctel: «PC, Internet, satélite» transforma el mundo laboral al permitir desmembrar y realizar las partes de una actividad económica en diferentes partes del mundo (*outsourcing*).

Al inicio del año 2000 se produjo otro acontecimiento que cambió el mundo. Si recuerdas, entonces no se hablaba de otra cosa que de «el efecto 2000»: el cambio de siglo obligaba a revisar los calendarios internos de todos los grandes ordenadores del mundo para evitar el colapso informático. ¿Y dónde existía una fuerza laboral preparada, y a gran escala, para realizar ese ingente trabajo? En la India. Una vez resuelto «el efecto 2000» con éxito, el mundo desarrollado ha seguido confiando en los eficientes informáticos indios. ¿Para hacer qué?, para subcontratarles cualquier clase de trabajo virtual, por sofisticado que sea. La India es una gigantesca sucursal de empresas de todo el mundo a las que provee servicios de buena calidad y bajo precio. Así es como empezó el *outsourcing* digital.

En el año 2001 China consigue entrar a formar parte de la OMC (Organización Mundial del Comercio). Es la apertura de China. A partir de este momento las reglas cambian. Ahora pertenece por derecho a nuestro club. Existe el libre comercio entre China y el resto del mundo, sin aranceles, sin restricciones, sin cuotas, sin cortapisas. Y en unos pocos años, China se convierte en «la fábrica del mundo»; en consecuencia en el resto del planeta empiezan a deslocalizarse fábricas completas a ese país. Un país –con una enorme población– entra en su era industrial y otros –menos poblados– salen de ella. Permítame citar a Xavier Roig (de su lúcido libro *La dictadura de la incompetencia*): «El concepto de puesto de trabajo tal como se entendía hasta hace poco no tiene ningún sentido. Y defenderlo todavía menos. Los últimos años hemos visto que si el trabajo que lleva a término un trabajador de aquí lo puede hacer otro, lejos y a precios más económicos, este trabajo no tiene miedo de las distancias y emigra. Y si no se marcha, se queda pero en unas condiciones que lo aproximan a los costos que aquel trabajador lejano aplicaría. En consecuencia, los salarios de trabajos que se podrían hacer en China, pero que se hacen aquí, bajan irremediablemente». Esto afecta tanto a los trabajos manuales como a los intelectuales, no subestimemos el talento oriental porque China es ya el primer «productor» mundial de licenciados universitarios.

En el período 2000-2001 estalla la burbuja tecnológica *puntocom*. La especulación de dinero fácil sale en busca de otro mercado donde especular y aterriza en el negocio del ladrillo. Como EE. UU. baja sus tipos de interés hasta el 1 % (y arrastra al resto del mundo a reducirlos), las hipotecas se abaratan hasta lo ridículo, en consecuencia los bancos deciden conceder más hipotecas al reducirse su margen, los precios de las viviendas se duplican, y empieza a gestarse la nueva burbuja, esta vez inmobiliaria, que estallará en 2007 contribuyendo a una crisis global. Muchos creían que comprándose una casa iban a hacerse millonarios, ¿no es una idea absurda? Y se endeudaron hasta las cejas para enriquecerse pero acabaron empobreciéndose. Lo que terminó por ocurrir es que el valor de sus flamantes viviendas bajó tanto que cuando llenan la nevera de provisiones el precio de su propiedad se duplica.

En agosto del 2007 empieza el período de precrisis previo a la crisis –previsible para el 2010 y más allá– debido a un sistema de crecimiento con modelos agotados. El endeudamiento familiar y estatal finalmente se ha pasado de la raya. Las espoletas de esta explosión son la falta de regulación a prácticas imprudentes en parte del sistema financiero internacional y la fantasía americana de que cada americano debía poseer su propia vivienda –pudiera pagarla o no– y que financiaron a través de la garantía de dos agencias hipotecarias federales, Fannie Mae y Freddie Mac, (como ves, con unos nombres muy chistosos que ahora, vistos los efectos, no tienen ninguna gracia) y que exportaron al mundo cifras que no caben en la mente de deuda hipotecaria incobrable. La revista *Time* lo expresó muy claro: la mayor exportación de EE. UU. al mundo, en el período de 2000 al 2007, fue deuda. ¡Deuda! Y el resto del mundo la compró en forma de bonos hipotecarios, por así decirlo. Warren Buffet, el mayor experto en inversión mundial, declaró la refinanciación de la deuda como «un arma de destrucción masiva», como así ha resultado. Para que lo entiendas, es como disponer de una tarjeta de crédito para pagar el dispuesto de otra tarjeta… Creo que alguien debería declararlo ilegal (la compraventa de deuda entre entidades financieras).

En el período 2015-2020, se retirará, por jubilación, una enorme masa laboral en Occidente. El *baby boom* (la mayor explosión demográfica tras la gran guerra) de los nacidos entre los años 1946 y 1964. Una generación que ¡cuadriplica a la anterior!, en muy pocos años necesitará de una pensión del Estado; y algo peor: retirará del mercado bursátil sus ahorros para gastarlos. ¿Están preparados los gobiernos para hacer frente a ese inmenso gasto social? ¿Y podrán los mercados financieros absorber esa retirada de recursos sin un desplome en las cotizaciones de las Bolsas? Respuesta: nadie lo sabe, porque nunca en la historia se han producido semejantes circunstancias. Si tienes acciones o fondos de inversión en renta variable, tenlo presente. Pronosticar un hundimiento de la bolsa no es especular, ocurre periódicamente; la diferencia del próximo con los precedentes es que éste afectará a muchos más inversores.

El año 2000 se considera como el punto de inflexión entre la vieja era industrial y la nueva era de la información. Las reglas del juego han cambiado porque los tiempos han cambiado. Las personas que juegan con las reglas viejas, pierden; quienes juegan con las nuevas reglas sabidas, ganan.

Examina el siguiente cuadro:

Era Industrial	Era Información
Más trabajadores que jubilados	Más jubilados que trabajadores
Se valoraba la experiencia	Se valora la imaginación
La edad avanzada, una ventaja	La edad avanzada, un *handicap*
Promoción a partir de los 50 años	Promoción hasta los 40 años
Retiro garantizado	Retiro no garantizado
Mercados y competencia locales	Mercados y competencia globales
Un empleo fijo de por vida	Muchos empleos temporales
Seguridad laboral	Libertad profesional
Empleados	Agentes libres
Coeficiente Inteligencia	Coeficiente Emocional
Mente lógica	Mente holística
Trabajos de cuello azul	Trabajos de cuello blanco

Como puedes ver los cambios son de un gran calado. El problema es que muchos, la mayoría, manejan los paradigmas de la era industrial en plena era de la información. Juegan un juego nuevo con reglas viejas. ¿Adivinas el resultado?

Durante la era industrial, una licenciatura capacitaba para ejercer una profesión de por vida, ahora la autocapacitación debe extenderse de por vida para estar al día. Antes una carrera profesional estallaba a partir de los cuarenta años, hoy empieza a decaer a esa edad. En la era industrial una carrera universitaria era una garantía de futuro y un certificado de estatus económico, en la era de la información no garantiza ni un buen sueldo ni un empleo. Hoy nuestros estudiantes temen no tener trabajo cuando terminen sus estudios.

Una buena educación académica no es suficiente.

La historia prueba que el fenómeno del empleo masivo de mano de obra es reciente, apenas tiene cien años. Antes de la era industrial, habían más «emprendedores» que «empleados», el 90%, mientras que en la actualidad no llegan al 15%-20%. Nuestra sociedad ha olvidado las habilidades y la mentalidad del emprendedor. Tendrá que desempolvarlas porque esta proporción se revertirá en el futuro y regresaremos a una economía de emprendedores, propietarios de su pequeño negocio personal, y que podrían alcanzar el 90% de la población activa.

Si te queda mucho para jubilarte, empieza a hacerte a la idea de que se avecinan cambios y de los gordos. Viaja al futuro, haz del cambio un modo de vida. Si quieres tener garantías de trabajo e ingresos, procura no ocuparte en nada que pueda hacerlo más rápido un ordenador o más barato un asiático. Es fácil de recordar.

Hay otra opción, pero no sé si te gustará, y es mudarte a Asia, allí ahora empieza la era industrial; aunque me temo que van servidos de personal: cientos de millones de trabajadores agrícolas aguardan un trabajo industrial.

Hace poco me entrevistaron en una cadena de TV y el locutor mencionó que un empresario reconoció delante de esas mismas cámaras que acababa de proponer a toda su plantilla desplazarse a China para conservar su empleo. No estás leyendo opiniones, no es teoría, está pasando en este momento.

Las empresas occidentales empiezan a tenerlo claro –aunque no todas–. Recortar los costes un poco allí un poco allá o reducir plantillas... no servirá de nada. Al final las actividades económicas que empleen mucha mano de obra deberán empaquetar y trasladarse a países emergentes. No se tratará de una estrategia para aumentar beneficios, que nadie se engañe, sino para sobrevivir. Es un final tan previsible como el de una mala novela.

Los estudios pronto probarán que el empleo de por vida, estable, bien retribuido, con ventajas sociales... ha entrado en el museo de la historia económica.

Primero *exportamos* empleos básicos, después empleos sofisticados. Empleos de todas clases (de cuello blanco y de cuello azul) emigran de continente. Y ¿Cuál es la solución?: los trabajos de cuello dorado, aquellos que desempeñan los *free lance*, los agentes autónomos, los emprendedores con su negocio personal que viven de su creatividad y su talento.

Cuello azul, cuello blanco, cuello dorado... ¿Qué color predomina en tu armario?

En 1970 (no hace tanto, yo aún me acuerdo de los programas de la TV de entonces), para descargar un buque de carga se precisaban 108 estibadores trabajando cinco días. En el año 2000, bastaban 8 hombres durante un día. Eso es un 99% menos de recursos empleados. Tal vez estas historias de cuellos azules no te alarmen y te sientas seguro en una ocupación de cuello blanco. Pero te aseguro que la revolución afectará a todos, usen cuello azul o blanco.

Y una última reflexión: cuanto más rutinario sea un trabajo, más exportable es, digamos, a Bangalore (el Silicon Valley de la India). Los trabajos rutinarios morirán en Occidente, tal vez en todo el mundo: ¿no es una gran suerte, una inmensa liberación? Es una buena noticia con apariencia de mala noticia.

Nuestra generación, antes de jubilarse, asistirá a una transformación laboral como no ha conocido jamás. No sé qué nos deparará el futuro, lo que sí sé es que no nos aburriremos.

Mientras tanto, las mayores empresas contratantes del futuro ya no serán las grandes corporaciones multinacionales, ni las medianas empresas, ni los bancos, ni los gobiernos... serán empresas de trabajo temporal (ETT). Hace poco estuve en Bruselas –el corazón de Europa–; mientras recorría el céntrico Boulevard Anspachlaan, conté más de 20 empresas de trabajo temporal en menos de cien metros. Cuando me cansé dejé de contarlas. ¿Para contratar a quién? A todos: obreros (temporales), licenciados universitarios (temporales), directivos medios (temporales), directores generales (temporales). ¡Todos los niveles del organigrama! No la tomes con tu jefe, él está tan pringado en todos estos cambios como lo estás tú. De hecho, él podría ser el siguiente. La temporalidad ha tomado posesión de todos los niveles del organigrama. El gran cambio no es opcional, pero sí es democrático ya que afecta a todas las estructuras en horizontal y en vertical.

¡Sálvese quien pueda!

El cambio no es ni bueno ni malo, simplemente *es* y requiere flexibilidad; y quien no sea flexible, sufrirá. El mundo ha entrado en una fase de cambios exponenciales y hay que aceptarlo, de modo que la solución que se me ocurre es que todos nosotros cambiemos de la mejor manera con el mundo. ¿Te acuerdas de cómo era el mundo hace diez años? Pues en lo sucesivo, todo irá más rápido hasta llegar a lo impensable en este momento. Nuestros padres recibieron asombrados unos pocos cambios revolucionarios en toda su vida; nosotros lo hacemos a diario, forman parte de la normalidad.

El cambio es algo viejo para la humanidad, lo nuevo es la velocidad en la que se produce hoy. Hagas lo que hagas, el cambio va a ocurrir. Lo único verdaderamente cierto es: «Todo pasa», un principio muy zen, deberíamos tenerlo presente.

16

Los cuatro puntos cardinales del trabajo

En lo referente al dinero es bueno contar con una brúju-la, o acabas perdiéndote. Un grado de desvío no es mu-cho, pero después de miles de kilómetros crea una gran diferencia en el destino.

Pongamos un ejemplo: un avión despega de Barcelona con destino a New York. Si se desvía un sólo grado en su ruta, esa diferencia mantenida en los miles de kilómetros que separan ambas ciudades hará que el avión termine su viaje cerca de Miami. Y eso es lo que ocurre en mu-chas vidas. Un poco hoy, un poco mañana; y con el paso de los años, uno se pregunta: «¿Cómo pude terminar tan lejos de donde quería?»

Para no perdernos, veamos los cuatro puntos cardina-les del trabajo:

1	NORTE	Personas que aman su trabajo y aman sus ingresos
2	SUR	Personas que detestan su trabajo y detestan sus ingresos
3	ESTE	Personas que detestan su trabajo pero aman sus ingresos
4	OESTE	Personas que aman su trabajo pero detestan sus ingresos

Como ves, entre el Norte y el Sur hay dos opciones que pueden aceptarse como un mal menor pero que son un premio de consolación nada más; o mejor dicho, de desconsuelo.

Cuando era pequeño pertenecí a los *boys scouts* y recuerdo que me enseñaron que si alguna vez me perdía me dirigiera hacia el Norte. Incluso me enseñaron a distinguir la estrella Polar en el firmamento para que me encaminara en esa dirección. Creo que por ello elegí el Norte como el ideal en la profesión: haz e ingresa lo que tú quieras.

El Norte son personas que disfrutan con su ocupación, se sienten realizadas y satisfechas con lo que hacen. Además, se sienten bien retribuidas. Es el ideal al que conduzco a los participantes a mis cursos.

En el Este y el Oeste se pierden la mayoría. (Yo estuve en el este y decidí que no quería pasar el resto de mi vida moviendo papeles en una oficina.) Lo peor de estar ahí es que es soportable. Uno puede convivir con un mal empleo o una mala retribución durante mucho tiempo; y aunque es a todas luces una situación insatisfactoria, no es suficientemente mala como para tomar medidas. Los psicólogos lo conocen como «la desesperación silenciosa». Y en eso se van los mejores años de la vida, como se va el agua por un sumidero.

El Sur es un infierno. El Sur tiene, sin embargo, algo bueno y es que a la larga se hace insoportable. Te exige tomar medidas porque tarde o temprano se hace insufrible.

¿Dónde estás tú? ¿Y la gente con la que te relacionas?: familiares, amistades... La gente que conoces, los entornos que frecuentas y la información que absorbes hoy ejercerán una gran influencia sobre el lugar que ocuparás en los próximos años. Somos el fruto de nuestros entornos. Debido a la enorme influencia que ejerce todo eso, deberíamos seleccionar con cuidado a lo que nos exponemos.

Demasiadas personas no han trazado un mapa de ruta en sus vidas, improvisa, carecen de navegador o carecen de una brújula. No es de extrañar que se extravíen tanto. Conclusión: chicos y chicas, hagámonos con una brújula y sigamos nuestra estrella polar.

Este libro es una brújula de papel para personas que han perdido su Norte financiero.

17

Los tres roles y sus ingresos

Me demostré a mí mismo que duplicar los ingresos es posible en un año utilizando técnicas de *coaching* financiero. Muchas personas (la mayoría) simplemente no pueden comprender que los ingresos se pueden duplicar; es algo que está más allá de su entendimiento. Están atrapadas en sus paradigmas de limitación, que actúan como grilletes mentales. Para ellas, más ingresos significa más horas de trabajo. Y como no es posible una jornada con horas ilimitadas, no pueden imaginar ingresos ilimitados.

Hace años llegaron a mí las lecturas del extraordinario autor Robert T. Kiyosaki, que cerraron el círculo. Aprecio su genial trabajo, aunque cuestiono su exclusivo enfoque en el mercado inmobiliario. He escrito este libro para proporcionarte pautas que te ayuden a conseguir el éxito en cualquier actividad económica. Lo que sigue en este capítulo es una síntesis de algunas de sus enseñanzas bajo mi punto de vista y según mi experiencia particular como emprendedor.

En esencia, «los tres roles» son tres tipos de mentalidades, valores y actitudes respecto al modo de generar ingresos. Vamos a verlos, uno por uno, para que identifiques cuál es tu rol económico y decidas cuál desearías, partiendo de la base de que no son excluyentes sino que pueden compaginarse.

	«Los tres roles»
1	Empleado o asalariado
2	Autoempleado o autónomo
3	Emprendedor o empresario

Cada uno, como verás, se corresponde con una mentalidad, valores, comportamientos y talentos diferentes. Ingresar en cada uno de los tres roles supone realizar un cambio profundo y ésa es la razón por la que una vez elegido un rol, cambiarlo no es sencillo.

Veámoslos uno por uno:

1. *Empleado o asalariado*: Tener un empleo es un buen punto de partida profesional pero a largo plazo es más seguro ser propietario de tu fuente de ingresos. Por varias razones, un empleo no proporciona ni libertad ni independencia financiera. Aun así, la mayoría de las personas se emplean en una empresa que compra su tiempo a cambio de una nómina.

Hubo un tiempo en el que existían empleos seguros y de por vida, cosa que no sucede hoy. Obviamente, hay empleos bien pagados aunque no por eso dejan de ser empleos, con las limitaciones que supone. Lo cierto es que ningún empleo puede hacerte ni rico ni libre. No digo que no ames tu trabajo, sólo afirmo que no puede hacerte rico. En todos mis años en la banca, tratando con miles de clientes, no he conocido jamás ni un solo empleado que fuese rico y libre.

Dado que el tiempo del empleado es limitado, la capacidad de aumentar los ingresos es igualmente limitada. A pesar de que muchas personas quieren un empleo para independizarse de su familia, no se dan cuenta de que se hacen dependientes de un empleador. De modo que ni consiguen la libertad ni resuelven el juego del dinero a largo plazo.

Es duro para una persona apegada a su empleo comprender que hay otros roles con más posibilidades que el suyo para ser libre y rica. A pesar de que un empleo es una buena escuela para desfogarse cuando se terminan los estudios, creo que un empleo debería ser una solución provisional para pasar después de unos pocos años a otro rol. En pocas palabras, tener un empleo es bueno para ganar experiencia, hacer contactos y empezar. Pero no hay que olvidar que hay roles mucho mejores.

2. *Autoempleado o autónomo*. Cuando una persona ya tiene bastante de trabajar para otros, decide ser autoempleada o autónoma. Es el caso típico del técnico que crea su pequeño negocio. Este rol es más prometedor que el de empleado, aunque, no nos engañemos, tiene también sus limitaciones. Es mejor que ser empleado, sin duda, pero es peor que ser emprendedor. De entrada es obvio que satisface su ansia de libertad: ahora el autónomo no depende de nadie mas que de sí mismo, pero ese afán de independencia puede convertirle en esclavo de su propio negocio. Siendo realista, muchos autoempleados no poseen un negocio sino «un trabajo con apariencia de negocio». ¿Cuál es la diferencia?: si el autoempleado deja de trabajar, deja de ingresar. Si tuviera un negocio de verdad, eso no ocu-

rriría. Los autoempleados deberían tener claro que ser autónomo es un paso intermedio, provisional, hacia el tercer rol: emprendedor.

Una persona que se hace autónoma debería trabajar desde el primer día para dejar de serlo, es decir para crear un sistema que le libere de trabajar en su propio negocio. Por experiencia, sé que muchos autónomos no dan el paso de crear un sistema eficiente y son víctimas de un exceso de trabajo que les agota. El mayor riesgo del rol de autónomo es seguir pensando como un empleado (ejecutar tareas anodinas) y no pasar a pensar como un emprendedor (crear proyectos asombrosos).

El autoempleado cree que todo lo debe hacer por sí mismo porque, ¿quien mejor que él? Lo malo de pensar así es que le exige ser un experto en demasiadas cosas y ¡mucho tiempo! Si trata de ocuparse de todo, los resultados serán desastrosos. El autónomo debería aprender a delegar en un equipo o subcontratar a profesionales externos para así poder acceder a su siguiente nivel. Lo que pueda subcontratarse (y no sea un elemento diferencial) debe subcontratarse. Los mejores negocios subcontratan casi todo: la producción, la logística, el papeleo… en realidad hacen poco, pero es lo que marca la diferencia. No te engañes pensado que al subcontratar persiguen ahorrar dinero nada más, lo que buscan es ganar tiempo y calidad.

3. *Emprendedor o empresario*. Éste es el rol que conduce a la verdadera libertad financiera. A pesar de que puede parecer muy inseguro, es el que mayor seguridad ofrece si se hacen las cosas bien. Ahora el profesional ya no depende de otros (como empleado), ni de sí mismo

(como autoempleado), sino de un sistema que le proporciona libertad e ingresos variables sin límites.

Antes de seguir, quiero señalar que no estoy aconsejando tener un negocio sólo para ganar dinero. Lo aconsejo, sí, para: disfrutar, ser independiente, creativo y servir a los demás. Si todo esto no ocurre no veo ningún interés en tener un negocio. El ser humano necesita comprender que su principal deber es ser feliz, no ganar dinero.

He descubierto que cuando disfrutas, ganas más que cuando no. Se ha comprobado que entre los que dicen: «Trabajaré duro en cualquier cosa; y cuando tenga dinero haré lo que me gusta», apenas hay ricos. En cambio, la riqueza es el denominador común entre los que dicen: «Haré lo que me gusta desde el principio y el dinero ya llegará después». Por eso no recomiendo perseguir el dinero, sino buscar satisfacción propia y ajena; y entonces el dinero llega como un río caudaloso.

Se trata de algo más grande que un negocio. ¿Puedes imaginarte...?:
(lee y entorna tus ojos hacia arriba y a la derecha)
... Un gran espectáculo, el tuyo.
... Un estilo asombroso, tu marca profesional.
... Un circo de tres pistas, donde ilusionas a tu audiencia.
... Sacudir un mercado, el tuyo, y cambiarlo para siempre.
... Un proyecto memorable que te haga sonreír.

Ahora que conoces «los tres roles» es hora de preguntarse:
¿En qué rol están tus familiares y amistades?
¿Y tú, en cuál estás?
¿Y en cuál quisieras estar?

Cuando respondas a estas tres preguntas podrás ver el poder de la influencia de tu entorno. Quiero que comprendas que vivimos rodeados de atmósferas mentales que nos influyen. Todo afecta a todo.

Pero:

¿Estás jugando el juego económico que quieres jugar? Lo seguro es que tu entorno influyó en tu modo de ganarte la vida actual, pero: ¿te has preguntado si eso es lo que tú quieres? Piensa en ello. Teodore Roosevelt lo pilló hace mucho: «Es mucho mejor atreverse a cosas muy difíciles, conquistar triunfos grandiosos, incluso amenazado por el fracaso, que alienarse con los espíritus mediocres, que no disfrutan mucho ni sufren mucho, pues viven en una penumbra donde no conocen ni victorias ni derrotas». Esto vale para ti, para mí, para todos...

Los dos primeros roles son una escuela para acceder al tercero, que en realidad es el único que proporciona libertad financiera. Como ya dije antes, es imposible ser libre y rico con un empleo y difícilmente siendo autoempleado. Para conseguirlo, es necesario crear un sistema de ingresos variables múltiples: activos y pasivos (deja de repetirte que no puedes). Date cuenta de que el éxito en los dos primeros roles puede incluso ser contraproducente, pues cuanto mas éxito tiene un empleado o un autoempleado, más trabaja y menos tiempo libre tiene; todo lo contrario de lo que ocurre en el tercer rol, emprendedor, en el que cuanto más éxito tiene, de más tiempo libre dispone.

Lo que estás descubriendo es que cambiar de trabajo no cambia tu economía; pero cambiar de rol no sólo lo hará, sino que además ¡cambiará tu vida!

A las personas que desean cambiar de rol económico siempre les recomiendo que mantengan su empleo actual y empiecen su negocio personal a tiempo parcial, en horas libres y desde su casa, porque sé que toma tiempo crear una nueva fuente de ingresos. ¿No tienes tiempo? Te aseguro que si exprimes tu agenda hasta que te suplique piedad, sacarás alguna hora extra al día. Yo mismo saqué tiempo para escribir cuatro libros en un empleo con jornadas maratonianas de 12 horas diarias.

Cada rol tiene unos valores distintos, y por ello, mentalidades distintas. Por ejemplo, el empleado busca seguridad, el autoempleado busca autonomía, y el emprendedor busca libertad financiera. Y cada rol busca conseguir diferentes objetivos. El empleado busca mejores empleos, el autónomo busca hacerlo todo él, y el emprendedor busca oportunidades.

Como distintos son sus valores, sus objetivos y sus mentalidades, distintas son también las habilidades que deberán desarrollar en cada uno de los roles. Son tres estilos de vida diferentes; por ello cambiar de rol no es un cambio de trabajo, es un cambio de vida.

Quiero que sepas que el éxito no está garantizado en ninguno de los tres roles, y que es posible triunfar o fracasar en cualquiera de ellos. Todo depende de cómo juegues el juego del dinero.

18
Trabaja para ti

Este capítulo trata sobre la figura del Agente Libre (emprendedor), la nueva tendencia en el mercado laboral de California, Estados Unidos. Como es un Estado «exportador» de ideas al resto del mundo, me temo que esa ola nos alcanzará (si es que no lo ha hecho ya). Millones de personas eligen ser agentes de su futuro profesional y libres de las servidumbres de trabajar para una empresa. Directores Generales de su vida. Son millones y van en aumento. Sigue leyendo y sabrás cómo son y cómo piensan estas personas.

El modelo nace en Hollywood y se extiende al mundo de los micronegocios como la pólvora. Profesionales cuyo principal activo es el talento (productores, directores, guionistas, actores, etc.) colaboran en un proyecto concreto, una película, y después de concluirlo se separan cada uno en busca de su nuevo proyecto. Es posible que vuelvan a coincidir en otra película porque estos profesionales libres dependen: A) de su red de contactos, B) de su creatividad y C) del éxito de su último trabajo.

Su caché depende al 100% de sus méritos propios, no se escudan detrás del resultado de una organización donde todo queda difuminado y borroso. El modelo de Hollywood es el paradigma del agente libre o emprendedor trasladado a cualquier sector económico.

Lector, hay un mercado creciente para el talento. Ya no es el capital, sino el talento, el recurso más importante. ¡Abajo el capitalismo y viva el «talentismo»! Es el momento de la gente auténtica, coherente, comprometida, talentosa... que piensa en grande.

Tom Peters, visionario empresarial, hace décadas que lo viene pronosticando: «Trabajar hoy depende de dos cosas: talento y proyectos». ¿Cuáles son tus talentos? Y ¿cuáles tus proyectos?

Un agente libre define su horario de trabajo (horario flexible), también elige trabajar donde quiere (en casa o en su despacho), elige sus clientes (con quién vale la pena invertir esfuerzos) y elige los proyectos en los que trabajará (retos con los que aprender). El agente libre tiene la certeza de que nunca volverá a aburrirse trabajando en un empleo convencional haciendo tareas predecibles, sin aprender gran cosa, y esperando que llegue el fin de semana. La era del agente libre, del emprendedor, es una bendición tal como la veo yo, porque acaba con la condena perpetua de un empleo aburrido y con el sopor de muerte de «ir tirando» hacia quién sabe qué.

¿Libre? El agente libre es un emprendedor que prefiere servir a múltiples clientes antes que a un jefe, a una empresa. Por eso es libre.

Para el emprendedor (o agente libre o micronegocio o nanonegocio..., como quieras llamarle) la libertad es lo principal. También elegir los proyectos en los que va a trabajar. No le importa el tamaño, no pretende crecer, sino disfrutar aplicando sus talentos, ganarse bien la vida y realizar un trabajo con pleno sentido y libertad coherente con su escala de valores. La grandeza no es una cuestión de tamaño sino de significado. Por ello saben que es mejor mantener una estructura pequeña o moderada –su secreto para la supervivencia–; y no pretenden crecer en tamaño (aunque sí en: libertad, como profesionales, como personas y en ingresos). Los agentes libres son los valedores de un nuevo orden: la gran corporación es un modelo insostenible y desfasado. ¡Lo pequeño es hermoso!

Me he convertido en un conferenciante y formador orientado hacia las causas con significado y orientadas a la grandeza interna. Creo en eso por encima de todo.

Sí, lo pequeño es hermoso. Los micronegocios –nanocorporaciones– y los negocios desde casa son la evolución natural del actual modelo prusiano –masivo, impersonal, alienante– de ocupación.

El agente libre es un profesional independiente, autónomo, emprendedor, *freelance*, que trabaja para sí mismo, eligiendo en qué y para quién. Se mueve en cualquier sector de la economía en el que pueda realizar un servicio y proporcionar un producto para diferentes clientes. Como su negocio cuenta con una sola persona, él, no pretende atender a todo el mundo pero sí elegir a quién atiende. El crecimiento de su facturación no viene por buscar más clientes sino por seleccionar los mejores clientes y proyectos. Es como la guerra de guerrillas (los grandes ejércitos ya no ganan las guerras).

Dato: un mismo trabajo genera un 15% más de ingresos si se realiza como *freelance* que como empleado. Piensa en esto: ¿Podrías convertir tu empresa empleadora en uno de tus clientes?

En cierta ocasión, una de las asistentes al seminario «El Código del Dinero: Libertad Financiera» dijo que eso de trabajar como externa para su empresa le parecía inseguro. ¿Inseguro? En realidad, aunque parezca paradójico, los agentes libres se sienten más seguros que trabajando para una organización. Muchos de ellos empezaron a trabajar como *freelance* porque precisamente fueron despedidos.

¿Te han despedido? ¡Contrátate a ti mismo!

Las estadísticas dicen:

Perfil de Agente Libre	
Edad promedio	42 años
Sexo	51% mujeres
Estado civil	56% casados
Estudios	39% superiores
Lugar de trabajo	61% casa
Razones	74% por libertad
Lo mejor	Libertad, control, independencia
Lo peor	Ingresos inestables, promocionarse

(Fuente: Daniel Pink, Free Agent Nation, sobre una consulta a 1.143 freelance de EEUU, año 2001)

La mayoría de los problemas financieros son fruto de la creencia generalizada en los cuentos de hadas. En mi opinión la seguridad no está en ninguna parte, salvo como un recurso fantasioso en los cuentos de hadas buenas y brujas malas. «No hay ninguna seguridad en esta tierra. Sólo oportunidad» (Douglas MacArthur). Vale, tomamos nota. La «seguridad» del agente independiente consiste en que depende sí mismo y dudo que nadie planee fallarse a sí mismo, antes bien se esforzará al máximo en cuidar de sí mismo. Yo creo que la mayor garantía para contar siempre con trabajo e ingresos es tu creatividad; si no fallas ahí, todo irá como la seda. Tu seguridad es saber que tu creatividad hará que te ganes la vida sean cuales sean las circunstancias. Tómate en serio estas palabras.

Tal vez los roles de empleado y agente libre se complementen en el futuro. No digo que no. Empleado hasta la edad del retiro, supuestamente a los 65 años; y de ahí en adelante, «e-retirado» o agente libre trabajando desde casa, utilizando las nuevas tecnologías e Internet para generar ingresos complementarios a su exigua pensión.

¡Buena suerte!

19

La novena maravilla del mundo: los «ingresos pasivos»

Albert Einstein dijo: «El interés compuesto es la octava maravilla del mundo», debido al crecimiento geométrico que se produce al aplicarse a una suma de dinero. Yo quisiera añadir una nueva maravilla del mundo, la novena: los «ingresos pasivos».

Veamos las diferencias entre las dos clases de ingresos: los lineales y los pasivos. En los primeros quien los gana está presente, en los segundos está ausente. ¿Te imaginas ingresar dinero mientras duermes? ¿O durante el fin de semana o en tus vacaciones? Puedo oírte preguntar si eso es posible, y la respuesta es sí. ¡Sí, sí, sí! En lugar de coleccionar cosas inútiles en el trastero, colecciona ingresos pasivos en la cuenta corriente.

Los ingresos pasivos o residuales son aquellos que, una vez creados (lo que por supuesto supondrá un trabajo), se reproducirán periódicamente sin tener que hacer casi nada. Para que se entienda fácil, ingresos pasivos son aquellos que, una vez creados, fluyen y se repiten. Voy a poner algunos ejemplos y lo entenderás. Este libro, o cualquiera de mis diez libros, son una fuente de ingresos pasivos porque me tomó un trabajo escribirlos, pero una vez editados, la venta de cada ejemplar que genera unos *royalties* por derechos de autor sin que yo tenga que hacer nada, salvo cobrarlos. ¿Lo vas captando? No te preocupes, ahora te proporcionaré más ejemplos, sé que es un concepto tan revolucionario que la primera vez que oyes hablar de ello cuesta comprender que se puede ganar dinero «sin trabajar».

Deja que antes ponga una metáfora para esclarecer la diferencia entre ingresos activos y pasivos. Imagina que subes por una escalera mecánica que desciende. ¿Qué descubrirás? Que para llegar arriba debes ir al doble de velocidad de lo que desciende la escalera y que es terriblemente cansado subir por una escalera mecánica que baja. Ahora imagina que te paras unos instantes para descansar. ¿Qué ocurrió? Que vuelves a estar como al principio, abajo. Conclusiones: no puedes dejar de subir, es cansado, no puedes pararte… Pues bien, eso es lo que ocurre con los ingresos activos que se derivan de un empleo. Ahora imagina que deseas ascender en una escalera mecánica que sube. ¿Qué sucederá? Que para subir no tienes que hacer nada, ningún esfuerzo; no sólo tienes que pararte y dejar que el sistema lo haga todo por ti, sino que además es lo recomendable. Pues bien, eso es lo que ocurre con los ingresos pasivos.

¿Por qué escalera mecánica asciendes, por una que baja o por una que sube?

Ahora sí, veamos una docena de ejemplos concretos de ingresos pasivos para que entiendas mejor el concepto:

1. Comisiones por las pólizas de una cartera de clientes de un agente de seguros.

2. Comercio *on line* en Internet de cualquier producto o servicio (en el capítulo: «Construye una web que venda» lo desarrollaré).

3. Comisiones por dar referencias de cualquier negocio de otros.

4. Formación *on line* en Internet de cualquier clase de conocimiento.

5. Dividendos por acciones o interés de capital invertido.

6. Ingresos residuales de las redes de *marketing* multinivel (en el capítulo: «La opción del *marketing* multinivel» lo desarrollaré).

7. Alquileres por cualquier clase de propiedad.

8. *Royalties* por: programas informáticos, juegos de ordenador, libros, música, patentes.

9. Ingresos por licencias (en el capítulo: «¿Invertir o apostar?» lo desarrollaré).

10. Comisiones por productos financieros de una cartera de clientes en una red de agentes bancarios.

11. Programas de afiliados.

12. Ingresos por las franquicias del franquiciador.

Una vez más, en un mundo multidimensional, aprecio dos dimensiones completamente diferentes: en la *dimensión lineal* tú recibes un pago por trabajar, en la *dimensión residual* tú recibes ingresos por no trabajar.

Las personas que obtienen ingresos pasivos pueden ocupar su tiempo en crear nuevas fuentes de ingresos, promocionar las existentes, o simplemente centrarse en vivir. Interesante, ¿verdad? Una cosa es ingresar por un esfuerzo indefinido, y otra bien distinta recibir ingresos indefinidamente por un trabajo puntual.

La pregunta es: ¿qué clase de ingresos pasivos podrías generar?, ¿podrías añadir una fuente nueva cada año? Y si ya tienes algunos ingresos pasivos o residuales: ¿qué porcentaje son de tus ingresos totales? Imagina que suponen la mitad de tus ingresos y que liberas la mitad de tu tiempo. En la segunda parte del libro, conocerás los Códigos para dejar de imaginarlo y pasar a experimentarlo.

Te aseguro que crear un producto, servicio, *royalties*, activo, red multinivel, cartera de clientes, cartera de activos, o un negocio virtual… supondrá un trabajo inicialmente, y en algunos casos también una inversión de capital; pero piensa en esto: una vez creado, puede generarte rentas infinitas de ingresos, fijos o variables. ¿Te apuntas?

Lo cierto es que casi nadie tiene en cuenta los ingresos pasivos porque no saben ni siquiera que existen. ¿Alguien te había hablado de ellos alguna vez? Seguramente no, porque todo el mundo tiene más presente los ingresos activos (que te exigen «estar allí», trabajando, generándolos un día sí y otro también) que los ingresos pasivos.

La materia prima de la vida es el tiempo.

Tu tiempo es tu mayor riqueza y no deberías venderlo sino invertirlo. Puedes ahorrar dinero, pero no puedes ahorrar tiempo. Cuando pasa, se va para siempre y no se puede recuperar. Tú puedes vender tu tiempo (de hecho lo haces cuando te empleas), pero tú no puedes comprar tu tiempo a menos que crees un sistema que te libere de trabajar para generar ingresos.

Los ingresos activos son un ingreso pobre. Provienen de una venta de tiempo, y el tiempo es un recurso limitado. Por esa razón, limitarse a vender tiempo (por horas, por días o meses) no puede hacer rico a nadie.

Los ingresos pasivos son el ingreso de los ricos. Permiten liberar tiempo y así pueden centrarse en otras cosas, como crear nuevos ingresos o descansar.

En pocas palabras, las personas inteligentes financieramente trabajan para conseguir activos, y el resto para conseguir empleos.

La libertad financiera es el resultado de poseer varias fuentes de ingresos, y parte de esas fuentes deben ser pasivas, ya que nadie puede trabajar en varios «trabajos» a la vez. Nunca me cansaré de insistir en la importancia de generar varias fuentes de ingresos y en que algunas de ellas sean pasivas. Este principio es la médula del libro.

Estoy seguro de que entendiste todos estos conceptos, pero: ¿cómo proceder? Bien, lo primero es identificar tu pasión: ¿qué es aquello que harías con gusto por el resto de tu vida? Convierte esa pasión en un servicio a los demás: ¿cubre alguna necesidad o resuelve algún problema? La clave, en lo que respecta al dinero, no es perseguir el dinero sino seguir tu pasión y convertirla en utilidad. El secreto es amar y divertirte con lo que haces, ofrecer utilidad, y ten por seguro que el dinero llegará.

El primer artículo de la Constitución del Universo dice: «Sirve».

Identificada tu pasión, lo siguiente será crear varias fuentes de ingresos alrededor de tu pasión. Lo ideal es una mezcla de servicios (en plural) y de productos (también en plural) entorno a tu pasión. Crea fuentes de ingresos, algunas de ellas pasivas, pues el día es corto, y hay otras cosas más interesantes que hacer negocios. Si usas la imaginación y la creatividad, encontrarás muchos modos de ganar dinero porque hay miles de necesidades que atender en el mundo.

Muchas personas me preguntan qué clase de negocio les hará libres financieramente; y yo siempre les contesto que no se trata de este o aquel negocio, sino lo que saben del mercado que elijan. El éxito económico no depende tanto del vehículo sino de conducirlo bien. ¡De disfrutar conduciéndolo! Sir Richard Branson, Míster Virgin, afirmó al respecto: «Cuando la gente me pregunta en qué tipo de negocio se pueden meter, siempre les digo lo mismo: en cualquiera, simpre que pongas pasión en lo que haces. Me he dado cuenta de que si lo paso bien, el dinero llega. A menudo me pregunto, ¿mi trabajo es divertido, me hace feliz? Creo que la respuesta a esto es mucho más importante que la fama o la fortuna. Si algo deja de ser divertido, me pregunto por qué. Si no lo puedo arreglar, dejo de hacerlo».

Pasarse la vida en una ocupación que se detesta no tiene ni pies ni cabeza.

Una vez hayas creado diferentes fuentes de ingresos entorno a tu pasión, busca por un lado mejorar lo que ofreces (el producto); y por otro, mejorar el modo en que lo ofreces (el sistema). Es decir, haz mejor lo que haces y mejora cómo lo haces. Se llama sistematizar. Cuando tu sistema funcione casi solo, y no te necesite para seguir funcionando, podrás replicar tu negocio, franquiciarlo o incluso venderlo.

La clave está en la palabra: sistema (mi mantra). Ya volveremos sobre este concepto más adelante. Tu objetivo, a la hora de emprender, debería ser convertir tu negocio en un sistema perfecto en menos de cinco años. Si para entonces tu negocio aún no ha «explotado» de éxito, prepárate tú para explotar de los nervios. ¡Glups!

Cuando tu negocio personal no te «necesite», y espero que sea pronto, serás libre. Eso no significa que te conviertas en un holgazán, significa que eres libre financieramente y que puedes ocuparte en lo que quieras: crear nuevos sistemas o fuentes de ingresos, descansar y disfrutar de la vida, o dedicar tiempo a tu familia. En pocas palabras, no necesitas preocuparte por saber de dónde saldrá tu próximo euro.

¿Entiendes ahora por qué los ingresos pasivos son «la novena maravilla del mundo»?

Nunca antes como ahora fue posible crear nuevas fuentes de ingresos gracias a la tecnología y la globalización. Es lo que se llama el «marxismo digital» o «el capitalismo para los no capitalistas». Hoy existen más modos de ganar dinero que en cualquier época anterior. Y por supuesto, hay muchos problemas que puedes ayudar a resolver.

Disfruta sirviendo a los demás. Convierte tu pasión en un negocio y tu ordenador en un cajero automático. Reinventa tu profesión y libérate del laberinto laboral en el que tantas personas buscan cada día una salida.

20

Apalancamiento: la fuerza que mueve montañas

La tradición de sabiduría china dice: «El sabio puede mover mil quintales con una onza». Esa *onza* es el conocimiento, que tiene el poder de mover el mundo. ¿Cuál es la onza de sabiduría financiera que puede catapultar tu economía? Estás a punto de descubrir el poder de la palanca para aumentar la riqueza.

Arquímedes dijo, refiriéndose al poder de la palanca: «Dadme un punto de apoyo y moveré el mundo». Pero ¿qué tiene que ver la física con los negocios? Todo. Conseguirás más, y en menos tiempo, con el uso de palancas que sin ellas.

Imagínate un mundo sin la rueda, sin la polea, sin la palanca, sin motores, sin ordenadores… ¿Duro, verdad? Mucho trabajo y esfuerzo. Pues, en lo que se refiere al dinero, si no usas palancas, ganarlo también es muy duro. ¡Tus finanzas necesitan palancas!

Como dije, apalancamiento significa: hacer más con menos. Más resultados con menos esfuerzo, menos tiempo y menos recursos. Desde este momento *delegar* en tus palancas debería ser una de tus prioridades. Trabajar menos duramente y conseguir más ingresos es posible con apalancamiento.

¿Y eso qué significa? Muy sencillo, hoy día, la tecnología te permite hacer más con menos. El físico George David dijo que la riqueza son pequeños esfuerzos creando grandes resultados y la pobreza son grandes esfuerzos creando pequeños resultados. En otras palabras, los ricos usan palancas para aumentar su riqueza, y los pobres carecen de palancas para salir de su pobreza. Lo que trato de explicar es que, con los cambios que se avecinan, si no se cuenta con diversas palancas, puedo pronosticar que se trabajará muy duro ¡y se conseguirá poco dinero!

Quiero que sepas que dispones de las siguientes palancas:

- El tiempo de otros – Delegar tareas.
- El dinero de otros – Deuda óptima.
- El talento de otros – Subcontratar servicios.
- La tecnología y los ordenadores.
- Los medios de comunicación.
- Internet.
- La economía global.
- Formación y conocimiento.
- Socios y colaboradores estratégicos.

Apalancamiento mental:

Todos disponemos de una poderosa palanca a nuestra disposición: ¡la mente! Si usas tu mente con enfoque de rayo láser moverás el mundo. La mente enfocada es la palanca más poderosa que existe. Si la usas correctamente (talento, creatividad, imaginación) puedes crear tu propio negocio sin tener que invertir nada, o casi nada, salvo tu ingenio. Unas personas utilizan su cerebro como palanca para la escasez y otros la utilizan para la prosperidad. Sí, casi es así.

Quisiera que entendieras que la mayor fuerza de apalancamiento está en nuestra mente y en el uso que hagamos de ella. Sea cual sea tu aspiración puedes conseguir mucho más de lo que crees. Todos nacemos, de algún modo, «potencialmente ricos», pero a lo largo de la vida, con los pobres hábitos mentales, muchos empobrecen económicamente porque no usan la palanca más poderosa del mundo. La mente es nuestro mayor activo. ¿Alguien puede permitirse tener ocioso su mayor activo? Creo que no.

Apalancamiento financiero:

Hazte esta pregunta: ¿Cómo podría conseguir ingresos mientras duermo o estoy de vacaciones? Esta pregunta no tiene respuesta si se desconoce el Código del Dinero. Pero a medida que avances en esta lectura tu mentalidad cambiará y podrás responderla.

Más adelante te explicaré la diferencia entre la deuda óptima y la pésima. Por el momento, te anticipo que la óptima la paga otro y la pésima la pagas tú. Estoy seguro que ves la diferencia. La deuda óptima es *apalancamiento* financiero. La deuda pésima es *apaleamiento* financiero.

Apalancamiento de tiempo:

Tu tiempo es limitado y hacer buen uso del mismo es esencial. Si además te apalancas en el tiempo de otros, los resultados serán espectaculares.

Convierte tu tiempo en una palanca: priorizando tareas, estableciendo objetivos y metas intermedias, enfocándote en lo importante, eliminando lo innecesario y lo trivial. Y después convierte el tiempo de otros en una palanca: delegando tareas, preparándoles para que te sustituyan, contratando expertos que harán mejor que tú ciertas tareas, externalizando tareas que ya no deseas hacer.

Las personas que se emplean (venden su tiempo), trabajan duro por sus ingresos pues carecen de palancas (su esfuerzo es apalancamiento para su empleador pero no para ellas). ¿Quién está siendo listo?

Por ejemplo, en mi caso, como no tengo tiempo para formar en libertad financiera a todos los que desean asistir a mi curso presencial, creé mi CD audio *Libertad Financiera* y este libro *El Código del Dinero* para poder ayudar a más y más personas. Ambos productos son una palanca para llegar a más personas con menos esfuerzo y en menos tiempo; y a la vez, generar ingresos pasivos mientras me ocupo de otros asuntos.

Si no tienes *apalancamiento* en el tiempo, sufres *aplazamiento* en el tiempo.

Apalancamiento en recursos:

¿Sacas el mejor partido de tu dinero, tu ordenador, tu *software*, tus talentos, tus habilidades, tu experiencia? Identifica todo aquello que infrautilizas y que podría marcar una gran diferencia con su pleno uso.

La tecnología te ayudará a multiplicar tus resultados. Es obvio que un ordenador portátil, un móvil con *e-mail*, una PDA, el buscador Google, un gestor de bases de datos o un programa de reconocimiento de voz pueden simplificar muchas de tus tareas. ¿Estás usando al cien por cien la tecnología a tu disposición?

Si no tienes *apalancamiento* de recursos, acabas en el *empobrecimiento* y sin recursos.

Apalancamiento en conocimiento:

Si usas lo que ya sabes y lo aplicas a lo que haces, multiplicarás tus resultados. Lo que te propongo es reducir la brecha que hay entre lo que aprendiste y lo que utilizas. En los cursos que imparto me enfoco en cómo aplicar lo aprendido porque sé que demasiadas veces las personas no saben qué hacer con la información que reciben. He escrito, junto a la autora Lorraine C. Ladish, un libro que revela cómo usar los libros de autoayuda (*Siete estrategias para sacar partido a los libros de autoayuda*, Ediciones Obelisco).

¿Para qué reinventar la rueda? Si puedes aprovechar el conocimiento de otros te ahorrarás tiempo y errores. Y el mejor modo de aprovechar la experiencia ajena es a través de la lectura y la formación. Hay quien cree, la mayoría, que después de la universidad no hay mucho más que aprender. Y menos del 5 % lee libros, como éste, de superación personal o autoayuda. Dejan de invertir en sí mismos y en consecuencia se devalúan y empobrecen.

Créeme, invierte en conocimiento, invierte en ti. Crearás la misma diferencia de velocidad que hay entre viajar en bicicleta y hacerlo en *jet*. Erasmo lo tenía claro: «Cuando tengo un poco de dinero compro libros; y si me sobra algo compro comida y ropa». La información valiosa y el conocimiento son la palanca número uno en la actual era de la información y del conocimiento.

¿Cuál es tu palanca? ¿Y tu punto de apoyo? Si careces de apalancamiento en conocimiento acabarás escuchando aquello de: *«Retroceda veinte casillas»*, *«Tres turnos sin tirar»* o *«Vuelva a la casilla de salida»*.

No puedes «no jugar» el juego del dinero pero sí puedes perderlo.

21

¿Invertir o apostar?

Invertir tiene muy mala prensa por desconocimiento: no es una cuestión de tomar decisiones a cara o cruz, eso es apostar. Invertir es conseguir la formación e información necesaria que permite tomar decisiones casi obvias, casi sin riesgo ni incertidumbre.

Invertir no es un riesgo; pero sí lo es la falta de educación financiera.

Por ello, antes de invertir dinero es preciso invertir mucho, muchísimo tiempo en averiguar en qué invertir. Invertir es un trabajo en sí mismo, no es tomar una decisión. Es más una labor de búsqueda que tomar una decisión. La decisión viene después de ese inmenso trabajo que consiste en conocer a fondo la inversión. Y cuando se está bien informado, y formado, las decisiones se toman cantando en la ducha.

Si me permites una analogía: así como en la arqueología hay más trabajo de despacho que de campo, en la inversión toma más tiempo la investigación que la decisión.

Como dije, la palabra «inversión» tiene muy mala fama porque se asocia con riesgo, si bien las pérdidas son siempre consecuencia de apuestas y no de inversiones.

Las inversiones de verdad son muy seguras. Muchos, que en realidad están apostando, creen que están invirtiendo. Pero no creo que haya malas inversiones en el mundo, sino malos inversionistas.

Muchas personas pierden dinero en bolsa porque no saben qué están comprando. Muchas personas pierden dinero en el mercado inmobiliario porque no saben qué están comprando. Muy pocos saben comprar bien porque desconocen lo que compran. Y los negocios no se hacen al vender sino al comprar.

Ingvar Kamprad, Míster IKEA, empezó su negocio multimillonario de muebles de buen diseño a bajo precio vendiendo… ¡cerillas! Su secreto es comprar grandes cantidades a buen precio, revendiendo a un precio muy bajo pero suficiente como para dejar un margen. Su otro secreto: separar una parte del beneficio para comprar más producto de una línea diferente y ampliar así su actividad. Hoy es el quinto hombre más rico del planeta según la revista Forbes y los muebles de IKEA decoran hogares de todo el mundo.

El buen inversionista invierte más tiempo que dinero. El mal inversionista sólo invierte dinero y poco tiempo en averiguar qué está comprando. Siempre me ha llamado la atención lo rápido que las personas colocan el dinero –que tanto tiempo les costó ganar– en lo que desconocen. Invierte más tiempo en aprender a invertir, e invierte menos dinero.

El buen inversionista no especula, es decir, no compra con la intención de vender a un precio superior. Eso es comerciar, no invertir. Invertir es mantener un activo porque ofrece rendimientos periódicos en forma de renta (flujo de caja). Lo que ocurre es que cuando un mal inversor no encuentra una buena inversión con un flujo de caja regular, apuesta en inversiones de ganancias de capital, es decir: invierte con la esperanza de que con el tiempo, y mucha suerte, su compra aumente de valor (por eso digo que el inversor hace números y el apostador, reza).

La bolsa no es inversión sino especulación porque los agentes que allí actúan buscan la plusvalía de las acciones y no el dividendo de las acciones que compran.

El flujo de caja regular es infinitamente mejor que la plusvalía o ganancia de capital. Pocos se dan cuenta, o tal vez sí se dan, pero aman la rapidez y detestan la lentitud. Quizás la mayoría de inversores eligen la ganancia de capital porque es lo más sencillo cuando la economía crece; y muy pocos eligen el flujo de caja porque es más complejo y requiere de conocimiento. El resultado, por ejemplo en el mercado inmobiliario, es que la mayoría pierde el juego del dinero debido a la estrategia del «ladrillazo». La diferencia entre ambas estrategias es que en caso de una caía del mercado, aun devaluándose el activo, la renta se mantiene. Pero si vives de las plusvalías, ¿qué te queda cuando los valores se desploman? Si entiendes este concepto, si percibes la diferencia, sabrás algo que desconoce el 90%.

Crea activos con flujos de caja –o rentas– y serás libre financieramente.

Lo entenderás mejor con un ejemplo. En los años setenta Bill Gates compró los derechos exclusivos del sistema operativo DOS para las minicomputadoras a su inventor; después, en 1979, concedió la «licencia no exclusiva» a IBM para montarlo en sus PC. Después hizo lo mismo con otros fabricantes de ordenadores. Fíjate que dije «licenció», no «vendió». Si hubiese vendido el sistema DOS habría obtenido una gran suma, desde luego, pero eso habría sido todo, y ahora Microsoft no valdría lo que vale, ni Gates sería el hombre más rico del planeta. Licenciar es como «alquilar» su sistema operativo a cualquier fabricante. Las licencias del sistema inicial DOS, hoy de su evolución Windows, suponen unas rentas de ingresos infinitas (un flujo de caja) para su compañía.

Otro ejemplo donde la licencia es visible es en una de mis tiendas favoritas: Sephora, la cadena de perfumerías más grande del mundo. ¿Crees que cada fragancia es explotada por el propietario de la marca? Claro que no, esa tienda es una mina de licencias. Cada nombre de perfume está licenciado por su propietario a fabricantes perfumistas. Cuando vuelvas a entrar en una perfumerí, contempla el ilimitado alcance de la licencia.

¿Qué te parece más interesante la ganancia de capital –plusvalía– o los flujos de caja –licencias–?

Ahora voy a compartir contigo el secreto de los inversionistas. Los buenos inversores son más sofisticados y coleccionan activos que ponen dinero en sus bolsillos regularmente, por eso no se desprenden de sus inversiones ni piensan en venderlas. Como les costó mucho encontrar una buena inversión, también les cuesta mucho desprenderse de ella. El mayor inversionista del mundo, Warren Buffet, dijo: «Mi período preferido para conservar una acción es para siempre». Y añade: «Me gusta comprar negocios, no me gusta vender y espero que la relación dure toda la vida». Amén.

La inversión más sencilla es colocar dinero en acciones en la bolsa o en fondos de inversión en las entidades financieras. Fácil comprar, fácil vender, fácil perder. Ambas inversiones son un dudoso negocio porque cuando llegan a las manos del inversionista particular, el beneficio ya está hecho, no queda mucho que ganar y sí muchas comisiones que pagar. Hay, sin duda, otras inversiones más interesantes pero no son atractivas para el inversor promedio porque requieren invertir más tiempo y conocimiento.

La bolsa es en realidad una casa de apuestas con aspecto de templo de la inversión. Hoy hay millones de euros invertidos en acciones de empresas que en cinco años no existirán (también ahora hay millones de personas trabajando en empresas que en cinco años no existirán).

Sí, es una opinión (la mía) pero no veo la bolsa como una inversión sino como una apuesta, un juego de azar. Vamos, como la ruleta de un casino o los cartones de un bingo. Entre el 2007 y el 2009 la bolsa perdió un 50%. ¿Cuándo se recuperará?, nadie lo sabe, de modo que debe tratarse de un asunto de azar. Sé que los expertos en bolsa replicarán que me equivoco. Tal vez. Seguramente son los que animaban a comprar acciones a sus clientes poco antes de los desplomes del 2000 y del 2008. Los que animan a «diversificar» porque no tienen ni idea de qué valor subirá. Y los mismos que dicen que en el período bajista es el momento para «entrar». Entrar, ¿dónde?, ¿al desastre? Los desplomes de la bolsa con seguridad habrán de repetirse.

Si aun así, alguien desea probar suerte en la bolsa, recomiendo apostar una cantidad que no necesite y que pueda permitirse el lujo de perderla sin arruinar su economía. Y algo más: si compras valores, busca en las acciones su rendimiento en dividendos (flujo de renta) y no su revalorización (plusvalía o ganancias de capital).

Algunas personas buscan consejo financiero en los empleados de una entidad financiera y lo que consiguen, en realidad, son propuestas comerciales fruto de las campañas comerciales del momento. Yo me pregunto qué puede saber de negocios e inversiones una persona empleada. Piensa en esto, ¿pero alguien cree de verdad que llevando su dinero a una institución financiera y firmándoles un papel se hará rico?

Los beneficios no están en los productos financieros acabados, empaquetados y colocados en un expositor de una entidad financiera. Una cuenta de ahorro, un depósito a plazo, un fondo de inversión, acciones, bonos... no son una estrategia inteligente para hacerse rico. Son instrumentos para el refugio temporal del dinero hasta que se presente una verdadera oportunidad de inversión. Seamos claros: tus beneficios han de estar en tu propio negocio, no en el de otro. Pásalo.

Respecto a los consultores financieros, la mayoría aconsejan inversiones que ellos mismos no secundan. Sólo el 20% de los asesores se aplican lo que predican, el 80% restante no sigue sus propias recomendaciones. Los intermediarios financieros, *brokers*, y asesores no están interesados en enseñar a invertir a sus clientes sino en vender productos financieros e ingresar sus comisiones. Millones de personas han colocado sus ahorros para el retiro siguiendo el consejo de vendedores financieros. Asusta pensarlo, ¿verdad?

¿Sabes qué es lo malo de no saber qué hacer con tu dinero?: que, cuando lo mencionas, de inmediato aparecen docenas de personas que ¡sí saben qué hacer con tu dinero!

Otras estrategias para «hacerse rico», y que son un desastre, son: jugar a la lotería, ahorrar, trabajar duramente, esperar un golpe de suerte... Tal vez estas estrategias no tienen nada de malo, quizás; el problema es que no tienen nada de bueno. La lotería es el «impuesto voluntario» que pagan las personas que son muy malas en matemáticas y que carecen de un plan realista para hacerse ricas. La lotería es atractiva para quienes no han creado aún su propio juego.

Como escribió el *coach* Paul Mckenna: «Si vas a jugar en algo, juega en ti». Apuesta por tu vida, apuesta en ti.

Si quieres invertir en negocios de otros, de acuerdo, pero deberás conocerlos muy bien. En la vida no se trata tanto de en *qué inviertes* sino más bien de *qué sabes* sobre esa inversión. Puedes ganar dinero en bolsa, en inmuebles, en materias primas, metales preciosos... y también perderlo; lo uno o lo otro sucederá en función del conocimiento o desconocimiento de esos mercados.

Hablemos del ahorro.

Déjame decirte que ahorrar es deseable pero no es una estrategia que pueda solucionar una economía. «Vivir del ahorro» es una receta obsoleta y que ya no funciona en nuestros días, fue un buen consejo en el pasado pero no lo es en nuestros días. ¿Cuántos ricos conoces que lo sean por invertir en una libreta de ahorro? Para la generación anterior, ahorrar tenía sentido porque antes de los años setenta del siglo pasado los ahorros no sufrían elevados índices de inflación. Permite que introduzca un término tan poderoso como el *interés compuesto* (aumenta el ahorro exponencialmente), y es la *inflación compuesta* (disminuye el ahorro exponencialmente).

Los ahorradores de hoy pierden el juego del dinero.

Cuando en el mundo no había inflación, ahorrar era una buena opción, pero desde que convivimos con la inflación, lo que pueda pagarte el banco se lo come la pérdida de valor del dinero año tras año. Te lo demostraré con la «Regla del 72», que es un sencillo cálculo para ver en cuantos años duplicarás una suma ahorrada. Sólo tienes que dividir 72 entre el tipo de interés que recibes. Si mi banco me paga el 2%, entonces $72 \div 2 = 36$ años. Independientemente de la cifra que haya ahorrado, necesitaré 36 años para duplicarla. Demasiado lento. Hagamos más números, imagina que depositas un euro en tu banco, el cual podría pagarte el 3% de interés anual compuesto. ¿Cuánto crees que tardarás en convertir ese euro en un millón de euros? Yo hice el cálculo, la friolera de 468 años. Demasiado tarde, ni los hijos de los hijos de mis hijos lo verían.

No digo que no reserves parte de tus fondos para posibles contingencias (te sugiero guardar una reserva para cubrir un año), digo que elegir el ahorro como estrategia para alcanzar la riqueza es un engaño. Ahorra hasta reunir el dinero requerido para invertir en un activo. Es decir, la cuenta de ahorro es un destino provisional para tu dinero.

Para los que piensan en el mercado inmobiliario, a la fecha de escritura de este libro, expresaré mi opinión con una metáfora: «la fiesta ha terminado» y por mucho, mucho, tiempo. Aquellos que creyeron que «se harían ricos comprando una casa» al venderla por «una fortuna», habrán aprendido una lección: nadie se hace rico por comprar una casa.

Los humanos sufren periódicamente una «fiebre del oro» contra la que carecemos de vacuna. Después de tantas burbujas que han pinchado, la codicia humana no escarmienta.

¿Qué queda entonces? ¿En qué invertir? Vayamos a lo que sí funciona: invierte en ti, en tu propio negocio personal. ¿Hay otra cosa más controlable por ti? Tu trabajo es buscarle «trabajo» a tu dinero, y puesto que imagino que te costó ganarlo, pon tu dinero a trabajar duramente para ti en tus propios negocios. Crea tus activos, coleccónalos.

Los ricos saben que su riqueza no proviene de un empleo, ni de los ahorros en el banco (ya sean depósitos, acciones, fondos de inversión), sino de crear activos que generan flujo de caja ilimitados. Tienen su receta: su propio sistema de ingresos múltiple.

Dejan la especulación para los especuladores.
Dejan el ahorro para los ahorradores.
Dejan el comercio para los comerciantes.
Dejan el puesto de trabajo para los trabajadores.
Dejan las apuestas para los apostadores.

Lo que los ricos hacen es crear activos que les rentan flujos de caja, fijos o variables, pero duraderos en el tiempo. Siempre ha sido así y seguirá siendo así. Los ricos lo son porque eligieron ser ricos. Porque tienen un plan específico para conseguirlo. ¿Y tú, tienes el tuyo?

22

La deuda óptima y la pésima

Pero ¿no son todas las deudas malas? Desde luego que no, hay deudas muy buenas, incluso buenísimas, pero son la minoría. La gran mayoría de las deudas son pésimas. Como tu coeficiente de inteligencia financiera se está afinando con la lectura de este libro, estoy seguro de que verás la diferencia en los próximos minutos.

Empecemos por las deudas óptimas, que son aquellas que son pagadas por tus clientes, a través de tu negocio. Es decir, «se pagan solas». Es la llamada deuda de inversión y te proporciona apalancamiento mediante el dinero de otros, por lo general del banco. El uso inteligente de esta deuda puede hacerte rico. Son las deudas de las personas ricas, que las hacen aún más ricas. Debes saber que los ricos tienen tanta o más deuda que los pobres, pero su deuda es óptima.

Y sigamos con las deudas pésimas, que son aquellas que pagas tú, a fondo perdido, pues no hay de donde recuperarse; por eso son pésimas. Estas deudas financian consumo puro. Son las deudas de las personas pobres. En general, financian estilos de vida de rico para personas que no lo son. No compran riqueza, sólo compran la apariencia de la riqueza. Es el dinero más caro del mundo porque proviene del trabajo futuro… ¡llega bajo una montaña de intereses!

Si quieres distinguir entre deuda óptima y deuda pésima, hazte esta sencilla pregunta antes de endeudarte: ¿Quién pagará esta deuda? Si la pagas tú, olvídalo y no firmes. Si la pagarán tus clientes, a través de tu negocio, sonríe y firma. Sin embargo, aprender a utilizar la deuda como una palanca y crear riqueza es una habilidad financiera sofisticada y recomiendo mejor prescindir de la deuda para evitar males mayores.

El elevado índice de endeudamiento, tanto de estados como de particulares, es un síntoma de ignorancia financiera. Y lo que revela es que se compra más que se vende, y se gasta más de lo que se ingresa. Y este comportamiento tiene un final previsible: crisis económica y quiebra financiera.

¿Qué hay de las hipotecas?

Detesto las hipotecas. Duran demasiado tiempo en un mundo de cambios rápidos. Trataré de responder a la pregunta del millón: ¿qué es mejor alquilar o comprar?

De la película Forrest Gump: «No poseas nada si puedes servirte de ello. Alquila incluso tus zapatos, si puedes». Búscala mañana mismo en tu videoclub, es muy instructiva. Los bancos lo saben: venden sus oficinas a inversores y después las alquilan para seguir trabajando en ellas. Las empresas lo saben: venden sus naves y máquinas a la banca en operaciones de *leaseback* para seguir usándolas. Los profesionales lo saben: consiguen sus bienes de equipo en operaciones de *renting* financiero para usarlos y cambiarlos cuando lo precisen. ¿Y tú, lo sabes? ¿Aún no ves la ventaja? Pista: si lo posees tendrás que quedártelo y acarrear con ello toda la vida. Si lo alquilas, lo podrás sustituir, o deshacerte de ello, cuando te haga falta.

¿Alquilar o comprar? La elección va por países. En países con mayor cultura financiera (anglosajones), la proporción entre compra o alquiler se decanta por esta última. Son inteligentes financieramente y lo que ellos saben es:

1. La vivienda propia, cuando es financiada, *no es un activo* para ti (sí lo es para el banco que la financia, pero para quien paga una hipoteca su casa es un pasivo). Un activo, por definición, pone dinero en tu bolsillo, y un pasivo te lo quita del bolsillo. ¿Puedes entender que endeudarse por la vivienda propia es adquirir un pasivo?

2. La vivienda, financiada o no, *no es una inversión*, no al menos cuando se compra. Podría serlo cuando se venda (si es que se gana un diferencial). Pero si es para uso propio, que nadie se engañe, es un gasto. Si un día se vende, y se gana un diferencial, será una inversión. En cualquier caso, se sabrá entonces, no antes.

Warren Buffet lo sabe. Es el mayor inversionista del mundo y el segundo hombre más rico del planeta. ¿Invierte en su casa? No, lo hace en negocios. A pesar de su inmensa fortuna, vive en la misma casa del centro de Omaha que adquirió en 1958 por 31.500 dólares. Él sabe que la vivienda no es la inversión de quien vive en ella. El inversionista sabe que se trata de un gasto.

Comprar una vivienda sale caro por los gastos. Una casa no es un activo (es un pasivo con pinta de activo). Cuando compras tu vivienda pierdes en ese momento el 10 % del precio de compra (impuestos y gastos relacionados con la compra). Cuando la vendas, tendrás que pagar más impuestos (el 15 % de la plusvalía del inmueble o diferencia entre el valor de compra y el de venta). Ya ves que entre comprar y vender se va el 25 %, la cuarta parte de su valor, en impuestos, que no se recuperan nunca.

Pero aún hay más, se supone que cuando alguien va a comprar un piso dispone de unos ahorros para una entrada (20 % del valor) y para los impuestos (10 % del valor). ¿Qué es mejor: comprar tu vivienda hipotecándote y trabajar en un empleo para pagarla o deshacerte de tu empleo, y con el dinero de la entrada y los gastos (30 % del valor de la vivienda) e invertirlo en tu propio negocio y vivir de alquiler? Lo asombroso es que casi todo el mundo hace lo contrario: compra un pasivo y trabaja (para una empresa y un banco) durante toda la vida para poder pagarlo.

Las hipotecas que se firman son de promedio a 30 años, algunas más, algunas menos. Eso significa que durante los primeros diez años la carga de intereses en el recibo mensual es apabullante: ¡el 90 % es para pagar los intereses del banco! Imaginemos que pides una hipoteca de 100.000 euros a 30 años al 5 %... los intereses que pagarás serán 93.000 euros, casi duplicas. Si subes el plazo y/o el tipo de interés, casi triplicas. Si echas cálculos, acabas pagando ¡casi tres veces lo que vale tu vivienda! ¿Pagarías el triple por un viaje o por un coche? Creo que no. Entonces, ¿cómo es que —en la mayor compra de tu vida— aceptas casi triplicar el pago? Caray, eso sí es trabajar duro para el banco.

La idea de que hipotecarse en una vivienda es ruinoso puede no encajar con lo que sabes. Pero este es un libro que te revela cómo ganar dinero, no cómo perderlo. ¿Significa lo anterior que comprar la vivienda propia es un error? No si antes has creado un activo que te permita darte el lujo de pagarla al contado. Es decir, cuando ya has ganado el dinero para no hipotecarte. Recuerda, primero creas los flujos y luego te das los lujos. Siempre en este orden, nunca al revés.

Hipotecarse debería ser lo extraordinario, no lo ordinario.

¿Llego tarde? ¿Ya te has hipotecado por 30 años? Veamos qué se puede hacer para pagarla en 15 años. Como imagino que quieres ahorrarte la enorme carga financiera que supone una hipoteca (pagar 2,5 veces el valor de tu vivienda), lo primero que te aconsejo es que consultes a tu banco qué plan de amortización anticipada firmaste (importe mínimo a anticipar, las comisiones, el máximo anual cancelable…). Una vez tengas esa información, y sepas cuántos cientos de miles de euros te puedes ahorrar, ya tienes una motivación para pasar a la acción: anticipar cuotas con las pagas extras.

Un mal consejero te dirá que no lo hagas, que te perderás la deducción fiscal por la vivienda. Eso es como correr una carrera para ganar el diploma de participación en lugar de correr para ganar la primera medalla. La deducción fiscal es un premio de consolación cuando el mal ya está hecho. Es el chupa-chups que le da el médico al niño, antes de pincharlo, para que no llore. No, la deducción fiscal no es tu objetivo; tu objetivo es que te ahorres cientos de miles de euros en intereses, te puedas retirar cuanto antes y con una buena posición económica.

Me gustaría hablarte de las tarjetas de crédito. Financian gastos irrecuperables que es mejor pagar al contado (viajes, cenas, pantallas de TV planas...), y no inversiones en activos con un retorno. Es decir, crean deuda pésima. Mi sugerencia es no las uses, salvo para emergencias o compras por Internet. No es una buena idea regalarle una a tu hijo adolescente, ¿te parece correcto convertirle en «experto en gastar» antes de que sepa lo que significa ganar?

Lo inteligente es mantener sólo una tarjeta, con todo su saldo disponible, y cancelar el resto de tarjetas (tienen cuotas anuales de mantenimiento bastante caras, caray). Pero lo peor viene ahora: el tipo de interés anual que aplican al pago aplazado ronda el 20%. Ya ves cómo una tarde de compras te puede salir muy cara (entrar en una rueda de dispuestos de tus tarjetas que se amortizarán... ¡meses o años después de la tarde de compras!). De las Escrituras tomo esta cita: «... el que toma prestado es siervo del hombre que hace el préstamo.» (Proverbios 22, 7). Repite conmigo: no quiero trabajar para enriquecer a otros. No, no y no; ni hablar del asunto.

23
El Código del Dinero

Éste es el capítulo que esperabas impaciente. Ya puedo entregarte el Código porque con lo que has aprendido hasta aquí ya estás preparado para asimilarlo. Voy a enseñarte a descifrarlo en un momento.

¿Qué es un código? El término «código» significa, según la Real Academia de la Lengua Española:

1. *Recopilación sistemática de diversas leyes.*
2. *Libro que la contiene.*
3. *Conjunto de reglas o preceptos sobre cualquier materia.*

El Código que te revelaré en unos segundos refleja todo eso. Y he conseguido condensarlo en una sencilla expresión que aprenderás de memoria.

El Código del Dinero: «Crea tu propio sistema de ingresos múltiples, variables y pasivos que desarrolle tus talentos personales, que entregue un servicio masivo a un número masivo de personas, que te apasione y que se traduzca en un flujo de ingresos ilimitado».

El Código del Dinero: «Sistema de Ingresos Múltiples, Variables y Pasivos»

Lo que supone implícitamente:

Crea cuantas más fuentes de ingresos propios mejor.
Colecciona activos que trabajen para ti.
Incrementa tu oferta combinada de productos y servicios.
Establécete como suministrador masivo de valor.
Prioriza los ingresos variables sobre los fijos.
Céntrate en fuentes de ingresos pasivos y libera tu tiempo.
Sistematiza tu negocio personal hasta que no te necesite.
Vende talento aplicado a servicios o productos, no tiempo.

¿Ingresos Múltiples? Sí, céntrate en negocios que sean escalables, capaces de generar una variedad de fuentes de ingresos relacionados; cuantas más, mejor. Me refiero a una «colección» de productos relacionados y servicios relacionados. Para multiplicar tus ingresos no necesitas buscar un segundo empleo a tiempo partido. Este libro pretende liberarte, no esclavizarte. Con lo que has leído hasta aquí, sabrás que me refiero a una fuente de ingresos pasiva (o a un activo que ponga dinero en tu bolsillo

a cambio de un mínimo de atención). En lugar de centrarte en un empleo, elige una actividad que te apasione y despliega a su alrededor servicios y productos múltiples relacionados.

¿Ingresos Pasivos? Sí, como ya sabes, son el ingreso de los ricos. Son aquellos que una vez creados siguen proporcionando ingresos sin apenas esfuerzo. Como no requieren tu presencia, ni demasiado mantenimiento, puedes disponer de varias fuentes de ingresos pasivos a la vez.

¿Ingresos variables? Sí, los ingresos fijos no son esencialmente interesantes porque suponen una limitación en sí mismos. Carecen de la capacidad de aumentar. Pierden su valor real debido a la inflación y suponen un techo o límite. Los beneficios son mejor que los salarios.

¿Sistema, valor masivo, productos y servicios combinados? Sí, me emplearé a fondo en explicarte estos conceptos en la segunda parte del libro: de empleado a emprendedor. También puedes asistir a mis seminarios y lo haré gustoso en persona.

Resumiendo lo expuesto hasta aquí, vamos a especular por un momento:

- Imagina que posees varias fuentes de ingresos para prevenirte de que una de ellas se seque.
- Imagina que puedes «fijar» tu cifra de ingresos del próximo año.
- Imagina que algunas de tus fuentes de ingresos no te «necesitan» para seguir afluyendo.
- Imagina que puedes obtener ingresos incluso cuando duermes o estás de vacaciones.

- Imagina que poses la propiedad y el control de tus fuentes de ingresos.
- Imagina que parte de tus ingresos fluyen las 24 horas, los siete días de la semana, los 12 meses del año.
- Imagina que tu potencial de aumentar tus ingresos es ilimitado.

Intenta visualizar todo esto ahora. Detén tu lectura, cierra el libro y los ojos. ¿Puedes verlo?

Pues bien, este libro tiene como propósito que pases de imaginarlo a experimentarlo. Y para conseguirlo te invito a leer (estudiar) la segunda parte.

En la primera parte (libertad financiera), has descodificado paradigmas erróneos sobre el modo de ingresar dinero y has aprendido a crear el estado mental y la actitud necesaria para abrirte a la prosperidad, conociste los conceptos básicos que saben los inteligentes financieramente, además de recibir el Código.

En la segunda parte (de empleado a emprendedor), desarrollarás la aptitud para aplicar el Código y así conseguir tu pasaporte a la prosperidad. He sintetizado en sus páginas mi experiencia profesional de años con estrategias probadas y técnicas para conquistar tu libertad financiera.

Si estás interesado en diseñar un nuevo estilo de vida, sigue leyendo.

¡Nos vemos en la segunda parte!

De empleado a emprendedor
(El Código del Dinero en acción)

24

Excusas frecuentes
para no emprender

La nueva economía no es de las grandes corporaciones, sino de los emprendedores. En 1900 habían 485 fabricantes de automóviles en EE. UU., ¿Cuántos quedan hoy? Tres, y con problemas. Chrysler ha sido absorbida. Dos. El más grande, GM, ya ha pasado a manos del Gobierno. Uno y medio. En los años ochenta del siglo pasado había 40 fabricantes de ordenadores en EE. UU. ¿Cuántos quedan hoy? Cuatro. Los dinosaurios también habitaron el planeta hace millones de años, eran muy grandes, parecían muy fuertes y desaparecieron todos. Las corporaciones también cederán su hegemonía en el planeta al emprendedor, al agente libre *freelance*. En EE. UU., los emprendedores son menos del 20 %, todavía, pero dos tercios de los millonarios. La grandeza no es cuestión de tamaño.

Definición de agente libre: personas que trabajan para sí mismas en micronegocios, en ocupaciones con significado, liderando su carrera profesional (Directores Generales de su vida, Consejeros Delegados de su libertad). Desarrollando una ocupación con un gran sentido: una misión o propósito vital, algo que vale la pena, no es sólo por dinero. Si tiene significado, el dinero llegará.

Asistimos a la revolución del emprendedor, ámbito en el que reinará la mujer por derecho propio. ¿Por qué ellas? Porque son rematadamente buenas en el trabajo y porque reúnen la habilidad número uno para sobrevivir en la globalidad: cerebro derecho. Arrasarán. Hombres, os hago un llamamiento, el cerebro izquierdo que tan buenos resultados dio hasta la fecha ya no es prioritario en el nuevo mundo. Toca reciclarse. Rápido.

Sí, ellas, las mujeres, saben improvisar, emprenden más, saben relacionarse mejor, integran las emociones y la intuición en su vida… el futuro es suyo (de ellas), que nadie lo dude. Muchachos, aprended de vuestra mujer, de vuestra hermana, de vuestra compañera de trabajo...

Repasemos la historia. El rol de emprendedor es una figura antigua que proviene de la era agraria (en la que predominaban los granjeros, comerciantes, artesanos…), personas que poseían su propio medio de vida. La figura del empleado, no obstante, es muy reciente, pertenece a la era industrial. Y se basa en el modelo de contratación masiva de mano de obra para los procesos productivos. Pero el modelo de economía occidental ha cambiado, y la era económica en la que vivimos también. Eso ya se ha ido (y no creo que vuelva) al baúl de los recuerdos.

La cruda verdad es que el rol de emprendedor en España no tiene muchos fans. El informe de *Global Entrepreneurship Monitor España 2008* ofrece datos desalentadores: cada vez son menos los jóvenes que se plantean crear un negocio (sólo un 7 % de la población activa emprende), y la edad del emprendedor español es tardía (supera los 40 años). Muchos emprendedores lo son por necesidad pero no por voluntad. España es el tercer país de Europa, por la cola, a la hora de crear negocios. Una economía donde las máximas aspiraciones son ingresar en una multinacional y convertirse en fijos o sacarse un funcionariado, acumular trienios, ascensos, y una pronta jubilación, es un desastre de economía.

La pregunta que me formulo una y otra vez: ¿por qué hay más empleados que emprendedores?, tiene una respuesta: porque el sistema educativo forma a los estudiantes para que se empleen. Las universidades son desiertos de emprendedores. No promueven el emprendimiento y ese desinterés se instala en el inconsciente de generaciones y generaciones. Al final, es un hecho cultural. Recibimos el consejo: «Buscad un buen trabajo» pero no «cread un buen negocio» (yo al menos no oí esto último o quizá falté a clase el día en que se dijo). Muchos de los problemas financieros de las personas provienen de viejas recetas que han dejado de ser válidas.

Pasar de empleado a emprendedor es un gran reto y suscita no pocas resistencias internas. Pero el éxito económico no es negociable, por eso no valen las excusas sino los esfuerzos. Convertirse en emprendedor y disponer de varias fuentes de ingresos variables no es gratuito, pide pagar un precio.

La que sigue es mi historia favorita entre todas las historias de los «Tíos Gilitos» recogidas en este libro. No importa las veces que la haya contado porque cada vez que la recuerdo me emociono. Ahí va:

Steve Jobs, Míster Apple, un año después de crear el exitoso ordenador Mac tuvo que abandonar la empresa que ¡había creado él mismo! Resultó que mientras Apple crecía, contrató a alguien muy capacitado pero con quien se creó una brecha, y el Consejo de Administración apartó a Steve del negocio. A los 30 años estaba fuera de su propia compa-

ñía. Y lo que había sido el centro de su vida, terminó de pronto. Pensó incluso en abandonar el Silicon Valley, pero su corazón aún amaba lo que hacía; su gestión había sido rechazada, sí, pero aún se sentía apasionado por su trabajo. Decidió empezar de nuevo y se convirtió en un principiante. En cinco años creó Next y después compró Pixar, con ésta última produjo el primer largometraje de la historia por ordenador (Toy Story). Un taquillazo. Y un buen día, vueltas que da la vida, Apple —estancada y con problemas— compró Next y así Steve regresó a dirigir Apple, a la cima de la empresa que él había creado años atrás. Todo lo pasado, de pronto, había valido la pena, estaba de nuevo en casa. Hoy su empresa, y él, se han convertido en un mito. Su secreto: el amor por lo que hace, no abandonar nunca, mantenerse «hambriento» de pasión…

Me dirijo a ti, lector: seas joven, adulto, o mayor… si no sientes pasión, si tu corazón no está hambriento de amor por lo que haces, entonces plantéatelo.

Puedes buscar excusas y puedes hacer dinero, pero no puedes hacer ambas cosas. Tendrás que elegir.

Las excusas, con sinceridad, son una expresión de miedo, y el miedo no tiene ninguna ventaja. ¿Miedo? Sí, miedo a: ponerte a prueba, fallar, la opinión de los demás, a no conseguirlo y también a conseguirlo… El miedo tiene muchos disfraces pero siempre tiene el mismo efecto: bloqueo. Crea un efecto dominó muy negativo en todas las áreas de la vida. Detén por un instante la lectura e imagínate viviendo sin excusas de ningún tipo, ¿qué aspecto tendría entonces tu vida?

Axioma probado: menos miedo es más felicidad.

Y si alguna vez te has contado a ti mismo alguna de las excusas que siguen, espero que la lectura de este libro te conduzca a desactivarlas.

Veamos la siguiente lista (inacabada, pues cada día surge una nueva) de excusas para no emprender:

1. ***A mi edad, ya es tarde para tener un negocio***. Es una buena excusa pero me temo que no servirá. Hoy tener 60 años es como tener 40 hace medio siglo. Pero es que además en el asunto del dinero hay un factor determinante: si sigues necesitando dinero es que sigues necesitando una fuente de ingresos. No importa la edad, de verdad, lo que importa es si necesitas dinero o no para vivir.

2. ***Aún soy demasiado joven para tener un negocio***. Hoy tenemos infinidad de ejemplos de jóvenes multimillonarios que con sus ideas creativas y geniales han creado empresas valiosas. Por ejemplo, Míster IKEA, el sueco Ingvar Kamprad y quinto hombre más rico del mundo, empezó su negocio IKEA con 17 años; Carlos Slim, de México y tercer hombre más rico del mundo, empezó a los 10 años vendiendo golosinas. La lista de ejemplos es larga. Lo asombroso de esta era de la información es que nunca como en la actualidad la riqueza ha estado tan al alcance de los jóvenes. Si no me crees echa un vistazo a las estadística de jóvenes millonarios. Tienen menos de 30 años; y sus negocios ganan millones... No los envidies, mejor, ¡conviértete en uno de ellos! Cuando envidias algo en otra persona, te lo estás negando a ti. Cuanto más feliz te sientes porque otro lo tenga, más te lo concedes.

3. ***No tengo experiencia ni conocimientos***. Por supuesto que no tienes todo eso, nadie lo espera.

Además, ¿para qué sirve la experiencia en un mundo que cambia tan rápidamente? Prueba mejor con la imaginación. En lo nuevo siempre serás nuevo. Es tan obvio que no vale la pena extenderse en este punto. Le ocurre a todo el mundo: cuando empiezas en algo eres un novato.

4. *Se necesita mucho dinero para empezar*. Ésta es la excusa más popular pero también la más floja. Quienes afirman semejante idea son quienes no han creado nunca un negocio, piensan con una mentalidad obsoleta. En este momento, en Occidente al menos, la riqueza está correlacionada con la creatividad y el talento. La mente rica es imaginativa, usa el cerebro derecho y desarrolla su coeficiente de inteligencia emocional. Warren Buffet dijo que para ser un buen inversor es preciso dominar las emociones. Es cierto, si las emociones te arrastran, se llevan también tu dinero.

5. *Primero me formaré*. Soy de la opinión que la mejor formación es practicar. No es lo que aprendes sino lo que haces con lo aprendido lo que marca la diferencia. Como sabes, hoy tenemos tanta información, y formación, disponible que es imposible saberlo todo. Lo mejor es empezar y formarse a medida que se avanza. Si esperas a completar toda la formación disponible se te puede pasar el arroz. Creer que las cosas serán diferentes cuando tengas un título o un diploma es un autoengaño. Que alguien toque el silbato para sacarte de ese trance hipnótico. Las cosas serán igual, sólo que habrá pasado más tiempo. No digo que no partas de un mínimo de conoci-

miento imprescindible, pero nunca te excuses en la formación para justificar el retraso en la acción.

6. ***Esperaré a que llegue la oportunidad.*** La cuestión de esperar es ¿cuánto? Mira, si no llega la oportunidad puedes crearla, inventarla. ¿Si creas tu gran oportunidad, cómo podría escapar si serás el primero en verla? También es cierto que muchas oportunidades no llegan servidas en una bandeja de plata sino que llegan vestidas con el mono de trabajo, y no se parecen a una oportunidad sino a un problema; pero serán oportunidades si las pules, las refinas y las destilas.

7. ***No tengo tiempo.*** Esta excusa es de verdad increíble. ¡Todos tenemos las mismas horas cada día! En esto la vida es muy equitativa, todos disponemos de 24 horas al día, la diferencia está en lo que hacemos con el tiempo. Si «buscas» tu tiempo para desarrollar tu proyecto, lo encontrarás. Tal vez deberás dejar de lado actividades que no te conducen a ninguna parte. Tal vez tendrás que aprovechar mejor tu tiempo. Tal vez tendrás que hacer equilibrios de funambulista. Pero te aseguro que un poco hoy, otro mañana, con los años hace una enorme diferencia. La disciplina es la virtud número uno. ¡D-i-s-c-i-p-l-i-n-a!

8. ***Es muy arriesgado.*** Sí, claro que lo es, como todo en la vida (también es arriesgado tener un empleo). Un negocio es tan arriesgado como un empleo porque la seguridad no existe para nadie. En mi opinión, no son los negocios lo arriesgado sino algunas mentalidades. Aun así los riesgos del emprendedor se pue-

den ceñir a lo prudente. Te aseguro que cuando sabes qué llevas entre manos, el riesgo es despreciable.

9. ***Necesitaría mucha suerte***. Si vas a empezar un negocio contando con la suerte como tu mayor baza es mejor que ni lo intentes. ¿El comandante de un Boeing 747 aterrizaría confiando en tener suerte? No lo creo, ni me parece que semejante idea le gustara al pasaje. La necesidad de suerte es una superstición tribal, una fantasía irreal. ¿O crees que en las cabinas de los *jets* hay colgadas patas de conejo?

10. ***Ahora no es un buen momento***. El único momento bueno que conozco es este momento presente, por la razón de que no hay otro. Calificar este momento con un adjetivo (bueno, malo) es superfluo; el momento presente es absoluto, no es relativo, y por tanto no puede compararse con nada más porque no existe nada más.

11. ***Tengo una hipoteca que pagar***. Esta la he oído infinidad de veces, es la peor. Hay una alternativa, aunque sé que no es muy popular, y es librarse de la hipoteca (y de la finca), si realmente es un obstáculo para acceder a la vida que deseas. Ningún bien material debería separarte de la vida que anhelas. Recuerda que siempre estarás a tiempo de hipotecarte de nuevo si echas de menos pagar una hipoteca. De todos modos, espero que tu proyecto te alcance para pagar tus gastos (incluido el pago de tu hipoteca o alquiler); si no fuera así deberías revisarlo a fondo.

12. ***Tengo una familia que mantener***. Felicidades. Aquí no te diré que te deshagas de ella, sino todo lo contrario. Precisamente ellos merecen una mejor

situación económica y tu responsabilidad es pro- porcionársela. Yo creo que tener una familia es la mejor situación para emprender porque le confiere significado a tu proyecto y lo integra en un contexto más amplio. Cuando aquello que haces supera tu tamaño, te insufla el poder de lo extraordinario. La familia es el contexto ideal para emprender.

13. **Necesito tener un sueldo estable**. ¡Consérvalo mientras lo necesites! Puedes mantenerlo mientras tus nuevas fuentes de ingresos crecen y se consoli- dan. Te exigirá un esfuerzo, de acuerdo, pero es el precio del boleto hacia tu libertad financiera. Albert Einstein tenía un empleo de media jornada en la ofi- cina de patentes –cuyo sueldo necesitaba–, tenía una familia; y no sé si tenía una hipoteca o no, pero por las tardes, a ratos, se ganó a pulso el premio Nobel. Este libro no pretende que sus lectores consigan el premio del «emprendedor del año», sólo quiere ani- marles a crear una fuente de ingresos adicional com- plementaria. Caramba, tampoco se trata de enviar al hombre a Júpiter.

Etcétera.

En la anterior lista, todos los obstáculos que he men- cionado existen en la mente pero no en la realidad. Ahí fuera no hay obstáculos, sólo encontraremos el reflejo de las barreras mentales. En pocas palabras: «No vemos las cosas como son. Las vemos como somos nosotros» (Anaïs Nin).

¿Dónde se aprende a ser emprendedor? Hmmm..., déjame pensar. En las escuelas y universidades de este país desde luego que no. Creo que deberás «crear» tu propia «escuela de negocios»: tu propio negocio para practicar. Trato de decirte que necesitas un negocio de verdad para aprender. Un negocio real; vamos, un caso práctico. Real. También puedes pasar por las experiencias de la franquicia y el *marketing* multinivel que no dejan de ser «negocios de otros» pero que resultan muy didácticos como escuela de negocios.

Para concluir con el tema de las excusas, una cita de Albert Camus, que escribió: «Quien carece de valentía encuentra siempre una filosofía que lo justifica». Totalmente de acuerdo, si quieres justificar cualquier teoría descabellada, haz una estadística, y refuérzala con una opinión, después ponle delante la palabra «principio» o «ley» y parecerá una verdad indiscutible. Creo que la humanidad ya ha demostrado sobradamente que es posible justificar cualquier locura si se pone suficiente empeño en ello. Y las excusas no son diferentes.

25
Los tres secretos
para emprender con éxito

Emprendedores, ¡salid del armario! Creo que toda persona lleva dentro de sí un emprendedor que aguarda manifestarse. Pero para mostrarlo al mundo debes conocer los tres secretos para emprender con éxito. Dar estos tres pasos revela al mundo al héroe o la heroína que hay dentro de todos nosotros.

El 1.er secreto del éxito es cambiar la mentalidad de empleado a emprendedor. No me refiero a un cambio de trabajo nada más, sino a un profundo cambio de mentalidad (no es opcional, es obligatorio). No se trata tanto de *hacer* algo diferente sino de *ser* alguien diferente. Y este cambio de mentalidad no es negociable.

Conocí a personas, cuando trabajaba en el mundo de la banca, que pensaban como empleados; mientras, trataban de abrirse camino como emprendedores. No funcionó. Estaban desubicadas, pensaban de un modo cuando el contexto requería otro nivel de pensamiento. Eran incoherentes y el desgaste que eso creaba les hizo desistir en algún momento.

Que a alguien no le guste su trabajo o empleo no es razón suficiente para convertirse en emprendedor. Quedarse sin empleo no es razón suficiente para convertirse en emprendedor. Emprender es una mentalidad, una vocación, un estilo de vida. Para llegar a ser emprendedor hay que cubrir un proceso. Y en el proceso debe *morir* el empleado para que pueda *nacer* el emprendedor. Aprendí en mi propio proceso que la transición de empleado a emprendedor es más que cambiar de empleo o de lugar de trabajo, es una metamorfosis. Tan espectacular como la descrita en la novela de Kafka.

El 2.º secreto del éxito al emprender es saber qué quieres y estar dispuesto a pagar el precio para conseguirlo. La vida no premia las buenas intenciones sino los esfuerzos. Muchos son los que desean hacer dinero, pero pocos están dispuestos a pagar el precio. Regatean, se hacen a sí mismo rebajas y acaban por obtener saldos. Quieren conseguir más dinero, pero no quieren esforzarse. Quieren una pareja, pero no quieren renunciar a nada. Quieren paz interior, pero no quieren renunciar a sus conflictos. Quieren aprender, pero no quieren practicar las lecciones… Me encuentro con personas desajustadas con sus metas: desean un efecto pero detestan la causa. Como están desalineadas, no consiguen sus deseos y se sorprenden cuando afirmo que «querer» algo no sirve de nada, lo que vale es la acción disciplinada. Y lo que no vale es decirse «Bueno, ya lo haré algún día» porque ese día nunca llega.

Cuando sepas lo que deseas, averigua el precio y luego págalo con gusto.

A mí me encanta pagar precios; y cuanto más altos, mejor, porque sé que me conducen a grandes sueños. De hecho, yo no lo considero un precio sino una inversión.

Para quienes regatean el precio de sus sueños, podrían encontrarse con que mañana el precio fuese mayor, cosa que suele suceder.

Saber *qué* quieres es más importante que saber *cómo* conseguirlo. ¿Por qué? Porque en la vida hay infinidad de caminos para llegar a donde vas, pero lo importante es tomar la decisión de dónde quieres ir y no apartarte de tu destino.

En mis cursos presenciales no pocas personas expresan no saber a qué dedicar su vida. Yo creo que todo el mundo sabe de algún modo lo que quiere (su corazón sí lo sabe), pero dicen que lo ignoran (en realidad lo que quieren decir es que no saben cómo hacerlo real, lo cual es irrelevante).

*El 3.*er *secreto del éxito para emprender consiste en que el proyecto depende un 15 % de la aptitud y un 85 % de la actitud.* Llama la atención que las personas, por lo común, invierten gran parte de su vida mejorando su aptitud o formación convencional (escuela, universidad, máster, postgrado, doctorado…) e invierten nada, o casi nada, en educar su actitud.

Con esto no digo que la formación convencional no sea importante (en realidad sólo es importante en un 15 % para el logro) sino que la actitud (un 85 % del logro) es mucho más importante que la formación. Los jóvenes de hoy se dan cuenta de que con una licenciatura se gana poco. Dispongo de datos: un licenciado universitario sólo gana un 43 % más que un graduado de ESO. Pobre diferencia en el resultado para un esfuerzo e inversión de tiempo tan grandes. Cada vez compensa menos económicamente sacarse una carrera. Una vez afirmé esto mismo en una emisora de radio, de inmediato llamó una joven universitaria para preguntar: «Entonces, ¿qué hacer?».

Respuesta:

Joven, por supuesto que te animo a que vayas a la universidad (hoy un título universitario o un máster no garantiza ni empleo ni un buen sueldo; aunque es muchísimo mejor tenerlos que no tenerlos), pero aún más te animo a que desarrolles una actitud hiperpositiva de autosuperación y esfuerzo. Ahí esta la diferencia. Adicionalmente, fórmate de por vida, al margen del sistema educativo convencional ya que éste suele ir varios pasos por detrás de la realidad y el mercado. Pero aún más importante es que modeles tu actitud. Sí, la actitud ganadora. El mercado, ya lo verás, no te pedirá las calificaciones de la escuela o de la universidad, te pedirá resultados. Y valorará no tanto lo que hayas aprendido, sino que aprendas a aprender.

Que la actitud lo es todo lo sé desde los siete años, cuando hice mi promesa de ingreso en los *boys scouts*: «Tanto como puedo», y ése ha sido el mantra de mi vida, hacer el máximo que está en mi mano en cada cosa y cada día. En cualquier cosa que haga… ¡Tanto como puedo!

Alvin Toffler (futurista estadounidense, autor de *La Revolución de la Riqueza*): «El analfabeto de mañana no será la persona incapaz de leer. El analfabeto de mañana será la persona que no ha aprendido a aprender». Podría pasarme toda la noche en vela y no ser capaz de expresarlo con tanta exactitud.

Entrega valor masivo a un número masivo de personas

Este capítulo ha sido escrito para que proclames tu «Independence Day» (tu «Día de la Independencia») y para que conozcas el intríngulis de cómo ingresar cifras con muchos ceros. Albert Einstein dijo: «No intentes convertirte en exitoso, intenta volverte valioso». Valioso para tu mercado. Y si haces eso cada día, todos tus días serán un gran éxito, en consecuencia gozarás de dinero y libertad.

Voy a ser radical: para aumentar tus ingresos aumenta el valor que entregas.

La riqueza depende del valor que proporciones al mercado. No importa si eres empleado o emprendedor, vale para todos, las cosas te irán mejor cuanto más valor aportes a tu empresa o a tu clientela. Zig Ziglar, motivador legendario, lo expresó con estas palabras: «Puedes tener lo que quieras en esta vida si ayudas a suficientes personas a tener lo que ellas quieran». De modo que cuanto mayor valor entregues, mejor te irá y menos le importará a tu empleador o a tu cliente el precio que les pidas.

Si simplificas las cosas que para la gente son complejas, te ganarás muy bien la vida. Vamos, «harás dinero». La regla es muy clara: entrega valor masivamente. ¿Hay algo nuevo en ello? ¡Nada! Y aun así suena a nuevo.

Los empleados y emprendedores que no ganan lo suficiente es porque no entregan suficiente valor. Piensa en cómo podrías entregar más valor. Hay excepciones, claro, puede que sí entreguen un gran valor a la empresa y a los clientes pero que no sean justamente correspondidos, en ese caso no se están entregando a sí mismos suficiente valor porque no se dan la oportunidad de trabajar en otro lugar.

La ausencia de prosperidad está vinculada a la ausencia de valor generado. Pongamos un ejemplo: un comandante de un vuelo comercial está mejor retribuido que un cajero de supermercado porque el valor percibido que entregan ambos es diferente. En comparación, el nivel de especialización y preparación es tan distinto que el valor de su trabajo también lo es.

Axioma: Para estar mejor pagado, tienes que ser muy bueno en lo tuyo. Sigue aprendiendo, mejora en tu campo, aumenta el valor de lo que ofreces: convierte tu talento en un gran servicio al mercado.

Déjame expresarlo de forma sencilla: si quieres obtener más deberás entregar más (y a más personas). Hoy debido a la globalización tu mercado es ¡el mundo! Es un fenómeno que ha encogido el planeta varias tallas, y sigue haciéndolo.

Axioma: Para estar mejor pagado, tienes que servir a más personas. Como tu tiempo y tu energía son finitos, deberás encontrar medios para conseguir «apalancamiento»; es decir: hacer más con menos.

Si quieres ganar más deberás encontrar el modo de servir a más personas con menos esfuerzo y tiempo. El modo de conseguirlo es el apalancamiento para «replicarte». ¿Cómo? Ayudándote con un equipo que te sustituya. Por ejemplo, si eres dentista, puedes contratar a otros profesionales para que atiendan a tus pacientes. Así es como sirves a más personas a través de otros. Es como «clonarte» (duplicarte, triplicarte…). ¿Lo has cogido? Replicarte es aumentar el número de personas a las que sirves.

Pregúntate (cada semana): ¿Cómo puedo hacer para que mi producto o servicio sirva a más personas?

Tómate tiempo (cada mes) para pensar cómo puedes servir a diez veces más personas de las que atiendes en la actualidad (ya sea en tu empleo o en tu negocio). Cuando lo consigas, tu valor (como empleado o como profesional independiente) se habrá multiplicado.

Pregúntate (cada año): ¿Qué nuevo producto o servicio puedo suministrar que añada un valor masivo al mercado? Es de principiante crear una oferta y después buscar su demanda, en el supuesto de que exista. Es empezar la casa por el tejado. No caigas en ese error. Sal ahí fuera y averigua qué problemas puedes resolver, o cómo podrías mejorar la vida de las personas en algún aspecto, y luego elabora tu propuesta.

Pero hay más sobre lo que reflexionar.

Si vas a establecer tu propio negocio personal en los servicios te sugiero que ofrezcas además uno o varios productos. Complementa tu oferta masiva de servicio con tu oferta masiva de un producto. ¿Qué producto? Encuentra un producto que complemente tu propuesta; o mejor aún: crea uno propio, tendrás más margen. Por ejemplo, una peluquería, además de los servicios que presta, obtiene ingresos por los productos de cuidado y belleza que ofrece a sus clientes. Y un profesor de yoga, ropa y material para seguir las clases. Esos productos pueden ser de marca propia o marca ajena, la cuestión es que contribuyan a la cifra mensual de facturación del negocio.

Piensa en ofrecer un servicio por el que valga la pena pagar y cobrar.

Lo que sigue es del inventor B. Fuller: «La finalidad de nuestra vida es añadir valor a la gente de esta generación y de las siguientes». ¿Cuál será tu legado? Toma papel y lápiz, anota aquello por lo que podrías ser recordado, tu aportación personal. Dale al botón de avance rápido y sitúate en el final de tu vida, echa un vistazo, vuelve al presente y escribe una miniautobiografía que resuma en qué ha mejorado el mundo tu vida. Si no tienes tiempo para tanto, resúmelo en un hermoso epitafio, ¿cuál sería el tuyo?

En conclusión, en el Código del Dinero está implícito entregar valor masivo a un volumen masivo de personas. Y para ello es preciso apalancarte y replicarte.

27

El secreto del dinero es servir

En Occidente se abren paso con fuerza los servicios especializados en un millón de campos novedosos: *coach personal, entrenador nutricional,* coach *espiritual, consultor medioambiental, telemédico, buscador de entidades de beneficencia, asistente personal, entretenimiento para adultos, canguro informático, teleasistencia a ancianos, orientador de ocio para jubilados,* catering *biológico...* La lista no hace más que crecer. Es el turno de las profesiones creativas centradas en el servicio a las personas, que contribuyan a una vida con significado para los demás; y ha pasado el turno de las actividades sin cualificación y fácilmente reemplazables por tecnologías nuevas o por trabajadores a bajo coste en países emergentes.

En el continente europeo, así como en EE. UU. y Japón, el grueso de sus economías ya dependen del sector de servicios. Por ejemplo, en Estados Unidos representan el 80 % de su PIB, en Europa y Japón más del 50 % del PIB. Pero si en la actualidad los servicios dan trabajo al 80 % de la población activa, no tardarán en suponer el 90 %. Los servicios van a más, pero no me refiero a todos los servicios, sino a los servicios sofisticados, especializados, creativos, talentosos, diferenciados, innovadores, personalizados.

Si te decides por la economía intangible de los servicios, ¿qué servicios quieres proporcionar? Se me ocurren diferentes opciones dentro de varias categorías, sin que sean excluyentes entre sí:

- **Resolver problemas de las personas**. En un mundo de problemas aquel que se especialice en resolver alguna clase de problemas tendrá el éxito asegurado.
- **Evitar el dolor en las personas**. El sufrimiento emocional y el dolor físico son dos estigmas de la humanidad. Si tu profesión contribuye a reducirlos, tu vida tendrá sentido y obtendrás recompensas.
- **Aumentar el bienestar de las personas**. No estar mal es una cosa y estar bien otra distinta, si encuentras modos de mejorar el bienestar, de algún modo, seguro que obtendrás buena acogida.
- **Facilitar la vida a las personas**. Haz lo quieras pero hazlo sencillo. Los negocios exitosos hacen más sencillo lo que antes era complejo.
- **Añadir valor**. Un buen negocio se basa en añadir valor en el proceso (si no hay aportación de valor, hay especulación). Cuanto más valor añadas, más dinero recibirás.
- **Ahorrar tiempo**. El tiempo es importante para tus clientes. Si puedes darles lo mismo que en otro lado pero tú se lo das en la mitad de tiempo, ¿a quién crees que elegirán?
- **Contribuir al sentido y al significado**. Satisfechas las necesidades básicas para subsistir, la demanda desea la obtención de significado. Los negocios que se centren en el vértice superior de la pirámide de Maslow tendrán garantizado su futuro.

En una palabra: ¡servir! Si deseas mejorar tu habilidad para ganar dinero, antes deberás desarrollar tus habilidades para servir a tu prójimo. ¡Son cosas tan relacionadas que son lo mismo! Cuanto más sirvas, más ganarás.

Ley vigente en universo conocido: una vez activada la causa, el efecto es inevitable. Por eso el dinero es inevitable para los que sirven bien.

La buena pregunta es: ¿Cómo puedo servir a más personas? Y la mala pregunta es: ¿Cómo puedo hacer más dinero? A estas alturas del libro ya te habrás dado cuenta que la primera se centra en la causa y la segunda en el efecto de la riqueza.

Lo que sigue siempre es verdad independientemente de a qué te dediques: cuantas más personas sirvas y cuanto mejor les sirvas, mejor te irá. Cuanta más gente sirvas, más dinero llegará a ti… Es una consecuencia natural e inevitable de satisfacer las necesidades de otros.

¡Olvida el dinero, céntrate en servir!

Me gustan las paradojas porque son el principio del cambio de paradigmas. He aquí las tres paradojas del emprendedor:

1. Para ganar dinero, olvida el dinero: céntrate en servir.
2. Para triunfar, olvida triunfar: céntrate en disfrutar.
3. Para actuar, olvida el resultado: céntrate en el proceso.

¿No me crees? No hace falta, compruébalo por ti mismo, mira a tu alrededor, descubrirás que cuando las personas se centran en ganar dinero, en triunfar, y en los resultados, peor les va. En cambio, yo no conozco a nadie que se centre en servir, ame el proceso y disfrute mientras lo hace, y le vaya mal.

28

Convierte tu talento en ingresos

Si me consultaras sobre qué negocio empezar, te diría lo siguiente: traduce tus talentos en una propuesta memorable.

¿Varios talentos? Pues sí, varios. Escucho a menudo a las personas quejarse de que no tienen ningún talento. No les creo. Todos tenemos algo que ofrecer a los demás. Lo que ocurre es que el talento no se muestra pulido, sino en bruto, con un aspecto muy rudimentario. Todos tenemos varios talentos no desarrollados, y el modo de pulirlos es trabajando en ellos. El buen pianista practica varias horas al día, el buen escritor escribe decenas de páginas al mes, el buen dibujante emborrona hojas sin parar… Estoy convencido de que todos podemos ser muy buenos en algo concreto si nos lo proponemos.

«Tu vocación reside ahí donde se cruzan tu talento y las necesidades del mundo» (Aristóteles). Es decir: desarrolla tu talento y ponlo al servicio de los demás.

Mensaje: los buenos emprendedores no terminan nunca de mejorar sus habilidades. Saben que un negocio nunca está terminado. Tampoco esperan a que todo sea perfecto para empezar. Parten de lo actual y lo convierten en el ideal.

En los negocios, todo es una cuestión de talento, no de dinero. Un ejemplo: Chrysler compró Daimler y el creador de la mítica Chrysler dimitió (Thomas Gale). La revista de negocios *Forbes* lo anticipó: «La Chrysler está muerta». Años después así fue; sin aquel talento, la firma se devaluó y finalmente fue absorbida por Fiat. Otro ejemplo: Apple se deshizo de su creador –lamentable error–; pero sin el talento de Steve Jobs, Apple languideció y finalmente requirió la vuelta del genial Steve, quien recondujo la nave hacia el éxito de que hoy goza. Talento y liderazgo, diantres. No es el dinero ni el tamaño lo que cuenta.

El talento es el corazón de los negocios. Convierte tu talento en oportunidades.

Identifica tu talento específico (alrededor del que gira tu empleo o negocio). Me refiero a tu talento «estrella». Pero, cuidado, con uno tal vez no baste. Personas muy talentosas en lo suyo terminan arruinadas. ¿Por qué? Porque hoy más que nunca es preciso el modelo renacentista de saber un poco de todo y mucho de algo. Sin ese «un poco de todo» las cosas no avanzan. Confiar tu salud económica a un único talento es una temeridad. No digo que seas un experto en todo pero sí deberás conocer un mínimo de muchas áreas, cada vez en más. Un poco como Leonardo Da Vinci.

Por ejemplo, mi talento número uno es la expresión del conocimiento (por escrito y oralmente) pero no puedo confiar que con eso me bastará. Además debo mejorar continuamente en ofimática, tecnologías, Internet, *marketing*, ventas, finanzas… Conocimientos satélites.

No seas bueno, sé excelente en lo tuyo. Excelente es mejor que bueno. «Lo bueno es enemigo de lo excelente» (Jim Collins en su libro: *Goog to Great*). Lo bueno no es suficiente; o si lo es, no tardará en no serlo. ¡Sé excelente, por Dios!

Pregúntate:

¿Cuáles son tus modelos / referentes de excelencia?
Y ¿Qué hicieron para llegar donde están?
Y ¿Qué puedes aprender de ellos?

La ventaja de contar con un modelo de excelencia como estrella polar es que te puede evitar muchos errores y ahorrarte años. No reinventes la rueda. ¡No hace falta! Aprende de los que han transitado el camino que tú deseas andar, modela su éxito, reprodúcelo. El éxito (la técnica de conseguir lo que deseas) puede aprenderse por todos, la excelencia puede manifestarse en todos. Está en nuestra naturaleza ser grandes de verdad. Incluso está en tus manos hacer de la excelencia un hábito.

J. K. Rowling, Miss Harry Potter, era profesora de escuela. En los años noventa se divorció y se hizo cargo de su hijita. Hundida en la desesperación, se quedó en el desempleo y como no podía permitirse pagar la calefacción en la fría Edimburgo, se pasaba los días en los cafés buscando trabajo en los clasificados de los periódicos y escribiendo una historia sobre un joven mago: Harry Potter. La autora, desde pequeña, amaba inventar historias fantásticas, su extraordinaria imaginación era su único talento infrautilizado. Su secreto: decidió desempolvar su talento y convertirlo en un medio de vida. El resto es historia. Hoy la autora es una de las mujeres más ricas de Gran Bretaña y reconocida en todo el mundo por la legendaria saga de Harry Potter.

Crea tu propia leyenda. Si no lo haces tú, ¿quién lo hará por ti?

29

Las 12 habilidades imprescindibles del emprendedor

Un negocio personal es el reflejo de su propietario. Si su mente está desordenada, el negocio lo estará también. Si el emprendedor no desarrolla su talento, su negocio carecerá de él. Si el negocio tiene que pasar a otro nivel, el emprendedor deberá hacerlo antes.

Voy a compartir contigo diez fórmulas (y media) para convertirte en un emprendedor de éxito (vamos, el *top ten* de las habilidades).

El entrenador del FC Barcelona, Pep Guardiola, usó la PNL para conducir a su equipo a la victoria en la final de la Champions Leage 2009, en Roma. Diez minutos antes de salir al terreno de juego, el equipo visionó un corto con imágenes del club y una música de gran impacto emocional. La conjura de los «gladiadores» modernos. Ganaron la final. Del mismo modo, como tu entrenador de dinero que soy, te animo a que leas las siguientes «12 habilidades imprescindibles del emprendedor» con la siguiente música de fondo: «Suite: Raiders of the lost ark», el tema central de la película *En busca del arca perdida*, de Indiana Jones. (Yo la estoy escuchando ahora mientras escribo esto, no es broma). ¡Sentirás la adrenalina!

1. **Comercial**. Lo primero es aprender a vender. No saber vender sale muy caro. Hoy más que nunca, no basta con ser excelente profesionalmente, es preciso además ser muy comercial. Es incompatible estar en los negocios y darle la espalda a la habilidad número uno: vender. Así que no puedes estar en los negocios si ignoras o desprecias la venta. La razón por la que hay más empleados que emprendedores es porque la venta tienen pocos fans. Todo el mundo se apunta a comprar; pero muy pocos se apuntan a vender. Por ejemplo, escribir un libro es menos complejo de lo que parece; pero venderlo es más complejo de lo que parece. Cualquiera puede escribir un libro pero no todos saben venderlo.

2. **Marketing**. El arte de crear interés en una propuesta. Hay definiciones mejores pero lo que importa es que tu audiencia sepa que existes y que desee ser tu cliente. El mejor *marketing* que conozco es crear las condiciones para que las personas deseen comprarte antes de que tú tengas que venderles. Que ellos te encuentren a ti en lugar de que tú tengas que encontrarles. Que te conozcan antes de que tengas que explicarles quién eres.

3. **Desarrollo de productos y servicios**. Planifica cada año las mejoras de tu negocio personal. Piensa en nuevas fuentes de ingresos y en ampliar tu propuesta. Aplícate en la planificación, es decir, marcarte metas con fechas y organizarte para cumplirlas. ¿Sobre qué productos o servicios? Te responderá Paul Zane Pilzer, economista: «Hoy el 95 % de nuestra economía produce productos y servicios que no existían hace 50 años, y las mayores oportunidades de mañana estarán en sectores donde hoy nuestra economía está ausente». Mira hacia

delante, no hacia atrás. Preveo profesiones «muy raras» en el futuro que no parecerán un trabajo pero con mucho porvenir.

4. *Gestión óptima del tiempo*. De hecho, gestionar el tiempo es imposible, tienes el que tienes, ¡quien debe gestionarse eres tú! Levántate temprano, aprovecha el inicio del día para inspirarte. Cuando tú te levantas hace horas que algunos ya están meditando, ejercitándose o ganando dinero. Evita la tentación de hacer tareas improductivas en detrimento de las que son importantes. Es mejor que trabajes poco en lo que cuenta que mucho en lo trivial. El tiempo es tu mayor activo, vale más que el oro porque es escaso y no se puede recuperar una vez se ha gastado.

5. *Habilidad para hablar en público*. Es fundamental desenvolverse bien con audiencias, sean grandes o pequeñas, y saber transmitirles tu mensaje. Toma un curso de oratoria, o varios. En las universidades norteamericanas se enseña como una habilidad básica. El mundo es de las personas que se atreven a tomar la palabra y, haciendo uso de ella, son capaces de influir en los demás. Hablar en público, como todo en la vida, puede aprenderse por cualquiera practicando (los oradores no nacen, se hacen). La oratoria es una disciplina que puede aprenderse por todos practicando.

6. *Habilidades para la comunicación interpersonal*. Si quieres que crezca tu negocio deberás aprender a tratar a la gente: escucharla, entenderla, aceptarla, ayudarla. De nada sirve crear un buen producto o servicio, desentenderse de los clientes y parapetarse detrás del escritorio alejado de las personas. Sea lo que sea a lo

que te dedicas, empieza y termina con la persona que atiendes. En la escuela desarrollaste tu coeficiente intelectual, pero es tu responsabilidad desarrollar tu coeficiente emocional.

7. *Informática e Internet*. Los ordenadores personales llegaron en los años ochenta para quedarse. La tecnología es una de las mayores palancas que conozco para conseguir más con menos esfuerzo. Imagino que eres usuario, pero deseo persuadirte de que des un paso más y te conviertas en «usuario avanzado». Usar con soltura un navegador de Internet así como un paquete ofimático (hoja de cálculo, tratamiento de textos…) es el mínimo. Contrata un consultor informático que te ayude a sacar más partido de tu equipo. Sea cual sea tu nivel, no creo que me equivoque si afirmo que no aprovechas ni el 10 % del potencial disponible. Es como conducir un Ferrari y no pasar de la primera marcha.

8. *Auto formación continúa*. En el siglo XX una licenciatura te preparaba para vivir de lo aprendido por el resto de la vida. En el siglo XXI no. Según la OCDE, en 5 años el conocimiento actual sobre las cosas quedará obsoleto. La persona que no mejora sus habilidades y conocimientos cada año, empeora y se queda un año atrasada respecto al resto. Una persona que no se recicla, en apenas unos años, queda fuera de mercado. Reaprender no es opcional, es vital. En esta época tendrás que educarte a ti mismo –empezando por la educación financiera–. Por eso, recomiendo la lectura intensiva: un libro a la semana. ¿Qué clase de libros?: ensayos –no ficción– (95 %), biografías de gente excelente (4 %) y novela –ficción– pero con información de fondo útil (1 %). En fin, libros como el

que estás leyendo ahora, que te enseñen y que te ayuden a mejorar. El analfabeto de hoy día no es quien no sabe leer, sino el que no ha aprendido a aprender (he trinchado la cita de Alvin Toffler pero aun así se entiende).

9. *Inglés*. De momento es el idioma de los negocios. Es el idioma de tus clientes fuera de las fronteras de tu país. Hace mucho, cuando los mercados eran locales, no importaba mucho conocer otras lenguas, pero el mercado global habla inglés. La mayoría de *webs* están en ese idioma y muchos de los libros que te conviene leer en tu profesión también lo están. Si quieres adelantarte al futuro, consigue que tus hijos aprendan chino. Será el idioma de los negocios y el de los económicamente poderosos (para mediados de este siglo).

10. *Actitud ganadora*. Lo que significa mucho más que ser optimista. El optimismo es un estado mental, y la actitud ganadora es un comportamiento. El optimista cree que todo saldrá bien, y por ello vive en el mundo de las creencias no contrastadas. La actitud ganadora, además de irradiar optimismo, expresa la confianza en resolver los problemas cuando se presenten, y lo hace; vive en el mundo de los hechos probados. Confianza es optimismo en acción. Siempre he confiado en que la vida, o «el gerente cósmico», hará su parte; y yo me ocupo de hacer la que me corresponde a mí.

11. *Metas*. Trabajar con objetivos, desglosados en tareas, pasos intermedios y fechas asignadas es fundamental para el logro de objetivos profesionales. Nunca me cansaré de repetir que carecer de metas es como despegar en una nave sin un plan de vuelo y acabar a la deriva perdido en el espacio. Cada vez más personas se dan cuenta, al llegar

a los cuarenta, de que sus vidas se están perdiendo. Las estadísticas dicen que muy pocos trabajan con metas de alguna clase, si es así no me extraña que el éxito sea tan infrecuente. ¿Qué hace el resto? Imagino que perderse en el espacio. Un estudio de la Universidad de Harvard en 1953 constató que sólo un 3% de los alumnos habían escrito sus objetivos profesionales con un plan específico para lograrlos. Al cabo de 20 años, estos graduados habían acumulado más riqueza que el 97% restante en conjunto. ¿No resulta asombroso el poder de las metas?

12. *Imaginación*. El emprendedor visualiza nuevas realidades, invierte una parte de su tiempo en vislumbrar el aspecto de su negocio personal y en decidir cual es el siguiente nivel en su profesión. Es un visionario de su propia vida. Se hace grandes preguntas que le conducen a nuevos paradigmas. Sueña, crea el sueño, e invita a otros a sumarse a él y compartirlo. La creatividad es la fuente de riqueza ilimitada más segura que conozco; mientras el emprendedor desarrolle esta habilidad nunca le faltará nada. Garantizado.

Ya puedes apagar la música, el tema principal de la película de Indiana Jones (gracias, señor Spielberg, por enseñarnos que podemos ser héroes de nuestra vida). ¿No te sientes ahora un par de palmos más alto?

A lo que vamos, te aseguro que nadie nace con ninguna de las habilidades descritas arriba. Todos las aprendemos desarrollándolas con el sistema infalible de prueba y error, cayendo y levantándonos. En esto no hay discusión: tienes aquello que te concedes y careces de lo que tú mismo te niegas.

Duro, sí; verdad, también.

30

Por favor, no seas un «emprendedor autoempleado»

Repítete este titular como un mantra varias veces al día (no es broma).

Dejémoslo bien claro desde el principio: ser emprendedor es una cosa y autoemplearse, otra muy distinta. Imagino cuál te apetece más, así que vamos a centrarnos en la primera opción.

No caigas en el error de crear un «empleo-negocio» que te exija cada vez más trabajo y tiempo, y acabe despojándote de calidad de vida. Si vas a ser emprendedor, que no sea para matarte a trabajar. Tener una profesión es una cosa y tener un negocio, otra. Se puede ver la diferencia incluso desde la Luna.

En los primeros años de un negocio, se produce un efecto de mimetismo entre éste y su propietario. Parecen lo mismo y de hecho ¡son lo mismo! Es natural, al principio; pero no debería serlo más allá de unos años. El negocio que sigue siendo su propietario no ha crecido ni evolucionado, vive una eterna infancia y pone en peligro su supervivencia.

Aquí tienes una lista de las señales de alarma que te avisarán de cuándo el emprendedor está «autoempleado»:

- *El nombre del negocio es tu nombre.* Si coinciden son una misma cosa, y nadie debería *convertirse* en un negocio, sino poseerlo. Tengo una razón: si tú *eres* el negocio, en caso de querer venderlo, nadie lo comprará. Pero si *posees* un negocio, siempre podrás venderlo. Imagina que lo has vendido, y lleva tu nombre, ¿te gustaría que alguien operara bajo tu nombre? Claro que no.
- *Los clientes necesitan tu atención personal.* Atender a los clientes es una bendición siempre que no interfiera en otras tareas o en tu vida personal. Como todo, es cuestión de medida. Algunos emprendedores no desean que sus equipos tengan trato directo con sus clientes, tienen un extraño concepto de *propiedad* de los clientes. Es un error. Cuanto más acostumbras a tus clientes a ser atendidos por ti, más dependientes se vuelven de ti. ¡Pierdes tu libertad! Y conforme tienes más clientes tienes que trabajar más y más. Llega un momento en que no puedes con todo, te agotas y te planteas la posibilidad de tirar la toalla.
- *Tus empleados te requieren para todo.* Si eres continuamente consultado por tu equipo, es señal de que no les has enseñado lo que debías. Entre atender consultas esporádicas y tomar todas las decisiones hay una gran diferencia. Un equipo autónomo es capaz de asumir tareas delegadas cada vez más complejas y hacer que «no se note» la ausencia del propietario.
- *Tus ingresos se detienen si tú te detienes.* Si eso ocurre es que no tienes un negocio; tienes un autoempleo con pinta de negocio. Los negocios, los buenos, funcionan incluso mejor sin su propietario estorban-

do. Como me imagino que querrás tomarte unas vacaciones de vez en cuando, o crear nuevas fuentes de ingresos, es prioritario que tu negocio se «emancipe» de ti cuanto antes.

- **Eres el más talentoso del negocio.** Imagina una exquisita manzana. ¿Sabes cuántas personas hacen falta para que llegue a tu boca? Todo lo que vale la pena es fruto de un gran equipo. Rodéate de los mejores colaboradores (contratados o subcontratados) que puedas y déjales hacer lo que mejor saben hacer (y que tú no podrías mejorar).

- **Si no tienes un ayudante**, tú eres el ayudante. ¡Ser el ayudante de ti mismo es agotador! Te recomiendo, un libro clásico en este tema, de Michael Gerber (experto en pequeños negocios): *El mito del emprendedor* (ediciones Paidós Empresa), y entenderás por qué muchos autoempleados, que creen tener un negocio entre manos, acaban tirando la toalla cuando descubren que son esclavos de sí mismos.

- **Eres más técnico que gestor.** Si tu mentalidad es más técnica (hacer las tareas) que gestora (delegar las tareas), tu negocio personal no avanzará. Tal vez te guste hacer lo que sabes hacer bien (tareas técnicas), pero no permitas que algo que te gusta te arruine. Cuando pases de empleado a emprendedor, deberás desprenderte de la mentalidad que cree que todo sería mejor si lo hicieras todo tú mismo.

- **Tu negocio sin ti no vale nada.** Trabaja para que tu negocio personal tenga valor incluso sin ti. En caso contrario tú «eres el negocio». Creo que un negocio personal debería ser creado con el fin último de desprenderse de él. Has leído bien: entras con la intención de salir. No cuando te jubiles, sino en unos pocos años. Esta filosofía puede chocar con la mentalidad latina, pero el anglosajón crea varios negocios durante su vida para venderlos, es su carácter emprendedor. Lo siguiente que debes saber es que el modo de hacer más dinero no es manteniendo un negocio, sino vendiéndolo cuando mejor funciona. En este sentido, el «producto» de tu negocio es ¡el propio negocio!

- *Eres más amateur que profesional*. Ser un profesional en lo tuyo debe ser tu meta. Lo malo es cuando un amateur cree ser un profesional y perjudica la imagen del sector en el que opera. Si hay algo que el mercado no perdona es el amateurismo. Veo una contradicción en la palabra «amateur» (proviene de la raíz «amar»). No creo que el amateur ame de verdad lo que hace, puesto que si lo amara profundamente sería un profesional y no un aficionado.

Eso es todo.

Aquí lo tienes resumido: si quieres emprender con garantías, tienes que poner atención a las señales de alarma indicadas para no caer en la trampa y convertir tu negocio personal en un autoempleo.

31
La curva del negocio feliz

Los negocios tienen su período de maduración, pero, como todo, esto también ha cambiado mucho. Hace tiempo, durante la extinguida era industrial, un negocio podía madurar a los 20 años de su creación; hoy, en 10 años, puede caducar. Si a esas alturas un negocio aún no ha «estallado» de éxito, tal vez no lo haga nunca. ¿Para qué perder tiempo ensillando un caballo muerto? Hacerle la respiración artificial tampoco servirá de nada: si está muerto, está muerto.

La curva de maduración del negocio feliz incluye las fases:

1. Inicio.
2. Crecimiento.
3. Maduración.
4. Saturación.
5. Declive.

¿Cuánto tiempo puede pasar entre el inicio y el declive? Depende, pero si en la era industrial un negocio –que maduraba a los 20 años– podía permanecer en la cresta de la ola otros veinte, hoy en 5 años un negocio puede convertirse en un fósil viviente; a veces más, a veces menos. En ciertos sectores económicos, si un producto se mantiene dos temporadas consecutivas puede considerarse ¡inmortal! y en comparación con otros ha conocido «la eternidad».

Como en todo, hay excepciones. Por ejemplo, hay libros de «fondo» (*longsellers*) que se venden durante años y años, y suelen formar parte del *stock* de las librerías. Otros, son libros de moda y que se venden masivamente pero sólo durante un tiempo (*bestsellers*) y luego caen en el olvido. Yo siempre me enfoqué en escribir libros de fondo. Me gusta más correr la maratón que los cien metros lisos. Imagino que si estás pensando en crear un negocio personal igualmente querrás que sea una fuente de ingresos de «fondo» y no de «temporada».

Muchos negocios cierran por agotamiento del propietario, que trabaja más que un empleado, tiene menos vacaciones y más problemas. Es obvio que hay empresarios demasiado ocupados haciéndolo todo, lo que les impide tener tiempo para ganar dinero. Trabajan tan duramente que apenas les queda tiempo para hacerse ricos. Que quede claro: no es lo mucho que trabajas o lo duro que te aplicas a tu negocio personal, sino la calidad y el enfoque de tu esfuerzo y tiempo lo que te hace ganar dinero.

El dinero es el resultado de hacer las cosas de un modo adecuado. Y para hacerlas de ese modo hay que pensar de cierta manera. El dinero, en realidad, ama a los emprendedores, no a los jefes ni a los empleados.

Incluso pedir limosna es algo que se puede aprender. Una vez en la India una niña pedía en la calle: «Déme dinero feliz». Un turista le preguntó qué era para ella «dinero feliz». A lo que respondió: «Lo que a usted le haga feliz darme, a mí me hará feliz recibirlo». El dinero feliz proviene de un negocio feliz que consigue hacerte feliz porque eres aquello que más amas: libre.

32

Empieza en pequeño, piensa en grande

Después de leer este capítulo, descubrirás que para empezar hacen falta muy pocos medios pero mucho corazón. En los próximos minutos te sentirás lleno de entusiasmo al comprobar que tú también puedes crear tu proyecto asombroso. Confía en mí.

Como ya dije, triunfa la empresa individual, el micronegocio (nanonegocio: de 1 a 5 personas), el «*working solo*», que consiste en negocios personales que subcontratan el máximo de tareas. Por ejemplo en EE. UU. las empresas de una sola persona son más de veinte millones. Un fenómeno creciente que se conoce también por «Free agent nation» (termino acuñado por Daniel Pink) que aúna las ventajas de trabajar para uno mismo pero colaborando con redes de colaboradores externos. En estos micronegocios los organigramas no son de arriba abajo sino planos, se extienden en horizontal hacia los lados.

¡Abajo el organigrama piramidal, arriba las redes de colaboración horizontales!

La reflexión que sigue es tener Visión, con mayúsculas: «Lo que descubrí cuando llegué a Silicon Valley fue un lugar con muchísimas empresas pequeñas que pensaban como grandes empresas; todas querían ser globales, aunque de media tuvieran tres o cuatro personas trabajando. Lo que encontré más estimulante es que estas pequeñas empresas se encontraban apoyadas por una red de proveedores: letrados, contables, periódicos, relaciones públicas, agencias de publicidad... En el modelo tradicional, a estos proveedores hay que pagarles en el acto, pero no en Silicon Valley: los proveedores invertían en las empresas con su trabajo y su tiempo; es decir, no les cobraban. Los propietarios de los espacios invertían su espacio dando un alquiler bajo, las universidades e instituciones invirtieron su tecnología..., de manera que todos tenían un porcentaje pequeño de esas nuevas empresas y todos estaban interesados en que funcionaran». (Jerry Engel, profesor y director ejecutivo del Lester Center For Entrepreneurship and Innovation de la Universidad de Berkeley, California.) ¡Guauuuuuuu!

Tal vez llevamos tanto tiempo pensado en pequeño que pensar en grande parece un atrevimiento.

Pero:

O piensas en pequeño o en grande. No hay alternativa. ¿Y en tamaño mediano? Mediano no es grande, ¡es la siguiente talla de pequeño! No te engañes en esto. Al inversor Robert T. Kiyosaki le preguntaron en una entrevista qué le recomendaba al inversor promedio, a lo que respondió con contundencia: «Que no sea promedio». Entiendo, nada de medianías, o eres grande o no lo eres. Punto.

Somos gigantes aguardando el momento de sacar nuestra grandeza interna. Pero si lees este libro es porque sientes que ya es tu momento para ser grande durante el resto de tu vida. Si no es ahora, ¿cuándo entonces?

¿Establecerse por cuenta propia puede cambiarnos como personas? Sin duda lo hará. Un negocio es como un espejo que muestra las áreas de mejora de su propietario. Por eso siempre digo que si quieres tener un instrumento de mejora personal y profesional, crea tu negocio.

Hace ya mucho Goethe escribió: «No sueñes sueños pequeños, porque los sueños pequeños no tienen el poder de mover los corazones de los hombres». Sueña con los pies en el suelo y la cabeza en las estrellas, pensando en grande y empezando en pequeño. Para conseguirlo debemos «convertirnos» mental, emocional y actitudinalmente en lo que queremos conseguir. No es lo que tenemos, caramba, es lo que somos.

Crear tu propio negocio personal, desde tu casa y en tu tiempo libre (tiempo libre no es el que te sobra, es el que recuperas de actividades inútiles), tiene muchas ventajas:

- Puedes comenzar a tiempo parcial (no arriesgas tu trabajo).
- Requiere de una inversión pequeña (puedes ahorrar en gastos sin sentido para invertirlos en tu libertad financiera).
- Puedes trabajar en casa (o mejor desde tu cafetería).
- Tienes un horario flexible (tú decides cuándo y cuánto tiempo).
- Trabajas para ti en algo con pleno significado (es un *hobbie* retribuido).

También debe de tener alguna desventaja, pero francamente ahora no puedo imaginarme ni recordar ninguna.

Un empleo anodino te *oculta* debajo de un puesto de trabajo, un negocio genial te *revela* por encima de un proyecto. Demuéstrate tu valía, tu creatividad, tu talento, tu atrevimiento, tu profesionalidad, tu capacidad, ponte a prueba y ¡crea tu negocio personal!

33

Para empezar con buen pie

Éstas son mis sugerencias para empezar, media docena de consejos para hacer una transición, suave y planeada, desde tu actividad por cuenta ajena a tu actividad por cuenta propia.

No dejes tu trabajo. Sé prudente. Empieza un negocio personal a tiempo parcial. Emplea tus horas libres y los fines de semana. Sé por experiencia propia que es duro tener «dos» trabajos a la vez, pero estás invirtiendo en ti, diseña tu libertad financiera; y eso requiere un esfuerzo. La libertad tiene su precio y no se puede negociar ni regatear. Tu motivación es el «hambre» de resultados (imagina que tu actual empleo no existe y vives de tu negocio). «¿Cuándo y cómo sabré que ha llegado ese momento?», me preguntan a menudo. «Lo sabrás, cuando tu negocio personal iguale tu sueldo o cuando sientas que tu empleo limita severamente el crecimiento de tu negocio propio», suelo contestar.

Tu capital inicial. Hoy se precisa muy poco dinero para empezar a ganar dinero si lo comparamos con lo que ocurría hace cien años. En la era agrícola necesitabas tierras; en la era industrial, capital; en la era de la información, conocimiento. Hoy la materia prima del dinero es conocimiento aplicado. Empieza con poco, exactamente

¡el menos posible! Las empresas más admiradas se fundaron con muy poco dinero, menos de 2.000 euros. ¡El líquido de una nómina! (Si tienes ahorrados 20.000 euros, empieza con 5.000 o menos. Así tendrás efectivo para probar 4 veces). Muchos jóvenes (por ejemplo, los creadores de Google o YouTube) han demostrado que se puede crear un gran negocio sin dinero, sin experiencia, sin apenas medios… El coste de hacer fortuna hoy día ha caído drásticamente. Aun así, la excusa más frecuente es la de falta de dinero para empezar. Aunque te parezca increíble es más sencillo arruinar un negocio por exceso de dinero que por falta del mismo. El problema es que muchos emprendedores empiezan con «demasiado» dinero y lo gastan en campañas o estructuras innecesarias y ahí empiezan sus dificultades. Un error muy común al inicio es invertir el dinero en áreas que no son críticas (muebles caros, locales caros, logos caros, comportamientos caros, etc.) Cuando empiezas sólo hay una área crítica y es: ¡ventas! Invierte tu capital inicial en promoción; y con lo que obtengas de las primeras ventas, ya adquirirás los activos.

Invierte talento. Además de creatividad, confianza, contactos, tiempo, esfuerzo, conocimiento, disciplina, paciencia, imaginación, pasión… Pero, por lo que más quieras, ¡cualquier cosa menos dinero! Invertir dinero es algo que puede hacer cualquiera (que lo haya conseguido previamente), pero invertir talento… te aseguro que muy pocos están dispuestos a hacerlo. Ésa es la verdadera barrera de entrada a los negocios. El único freno, créeme, no está en el mercado, tampoco en el capital, ¡está en ti!

Empieza desde tu casa. Puedes empezar en una habitación de tu casa o en el salón, más adelante ya podrás permitirte un espacio. Pero, por el amor de Dios, cambia tu agobiante cubículo gris en una empresa por el color de un bar *chill out*, una terraza luminosa y animada, o un confortable sillón en Starbucks… pero, por favor, acaba de una vez con ese «nicho» gris y mediocre. Yo he trabajado en todos esos sitios que he descrito y veo la gran diferencia. Cuando empecé como agente financiero libre, mi despacho estaba unas veces en un restaurante, en una cafetería, o en el despacho de mi cliente… donde fuera. Adicionalmente, disponía de otros dos despachos habituales: una habitación de mi piso y un banco frente al mar para cuando precisaba inspiración. Antes de disponer de mi gabinete de *coaching*, recuerdo haber mantenido provechosas sesiones con mis clientes en las cafeterías de los mejores hoteles de Barcelona. Unas instalaciones de lujo al alcance de cualquiera. Créeme, la mayoría de empresas geniales empezaron en un cuchitril. Busca el tuyo. Ejemplos memorables con inicio en un cuchitril: Disney, Hewlett-Packard, Apple, Microsoft empezaron en un garaje; The Body Shop, en una cocina; Virgin, en un sótano; Dell Computer, en un dormitorio; Ikea en un cobertizo; Hay House, en el salón de casa. Y la lista sigue: Sony, UPS, Marriot, FedEx, Pizza Hut, Zara… En fin, ya ves, los buenos negocios sólo necesitan para empezar: a) un cuchitril, b) cuatro perras, y c) toneladas de creatividad.

Rediseña tu negocio personal. Mira, pensar es la condición indispensable para ganar dinero. Así que pasa más tiempo pensando en tu negocio que trabajando en él. Dedica un tiempo cada semana para retirarte a algún lugar inspirador y pensar. Si te excusas con que tienes demasiado trabajo para detenerte y pensar, te aseguro que eso es lo que acabarás haciendo: trabajar y trabajar. El alcalde Giuliani de Nueva York gestionó con liderazgo el desastre del 11-S cuando se dio cuenta, al ver correr a tanta gente, que alguien debía detenerse y pensar. Ésa persona fue él.

Reinvierte los beneficios: tu negocio personal debe autofinanciarse. Si un negocio depende del dinero de otros, no es *tu negocio*, es *su negocio*. Evita los créditos. Los negocios personales que nacen endeudados acaban siendo muy provechosos para los prestamistas pero no para los propietarios. Si quieres saber si un negocio lo es de verdad comprueba si genera el dinero que lo financia. Nada es más exitoso que un proyecto que se financia a sí mismo. En lo referente a tu negocio personal, mi consejo es: empieza con poco dinero y haz que se vaya capitalizando a sí mismo. ¡El dinero de tu negocio personal debe salir de tu negocio, no de un banco! Es la mejor forma de comprobar si tu negocio lo es de verdad.

Seis sugerencias, ahí las tienes, media docena, ni una más ni una menos. Listo.

Actúa y tendrás suerte

Me gusta interpretar la acción como el «puente» que une dos mundos: el interior de la intención y el exterior de la manifestación. Lo invisible y lo visible. De hecho, son el mismo mundo, y no dos, porque lo visible nace y se gesta en lo visible.

Toma acción masiva y obtendrás resultados masivos.

Cuando eres una persona apasionada, eres feliz, y entonces esa felicidad lo toca todo y la suerte te bendice porque tu felicidad crea el estado de conciencia de la «suerte». La suerte es un estado de conciencia que creas tú. Cuéntalo y pasa tiempo con la persona que pueda entender esto.

Muchas veces se me acercan personas para compartir conmigo su intención de escribir un libro. Me confiesan que lo tienen escrito en su mente y que algún día, cuando se den las condiciones idóneas, lo trasladarán al papel. El 99 % no lo escribirán nunca porque las condiciones perfectas no existen, y tampoco «algún día» figura en los calendarios.

Las ideas necesitan acción, no buenas intenciones. Si quieres leche, no te sientes en un taburete en medio del campo con la esperanza de que una vaca se te acerque. Sal y encuentra tu vaca. O podría ocurrirte lo que anunció Abraham Lincoln: «Los que esperan que las cosas les lleguen es posible que reciban algunas…¡Pero sólo las abandonadas por los que salen a buscarlas!».

El secreto está en empezar, lo demás son buenas ideas y poco más.

Es tan sencillo como dar un primer paso, aunque sea un traspié, pero la cuestión es empezar por alguna parte. Haz algo ahora y después, cada día… Un paso al día suman 365 al final del año, toda una travesía. Asegúrate que cada día haces algo por tu negocio personal. Aplícate la «Ley del cinco»: haz cada día cinco cosas que te acerquen a tu meta y será cuestión de tiempo que la consigas.

Sir Richard Branson, Míster Virgin, a los dieciséis años dejó sus estudios, a los veinte fundó la discográfica Virgin y una tienda de discos en Londres. Con veintitrés editó en 1973 Tubular Bells, *de Mike Oldfield y vendió 5 millones de discos. Se hizo rico. Siguió con: Genesis, Peter Gabriel, Simple Minds, Bryan Ferry… Compró un Boeing 747 de segunda mano –con derecho a devolución–, y creó la compañía aérea Virgin Atlantic, que se convirtió en la segunda mayor compañía británica. Hoy posee más de 200 empresas y da trabajo a 50.000 personas en todo el mundo. Es un aventurero, un filántropo y un gran emprendedor. Su secreto, usar a diario su frase favorita: «¡Hagámoslo!». Lo que se dice «un hombre de acción».*

A mí me funciona muy bien sellar cada una de mis decisiones con una acción inmediata (dentro de las 24 horas siguientes). Cualquier acción que me indique que ya he empezado. Desde ese punto ya se revelará el siguiente. No tienes que hacerlo todo en una jornada, pero sí tienes que empezar. En estos momentos estás, tal vez, a una sola decisión / acción de una fortuna.

Haz algo «genial» cada día, y tu vida será genial.

Mi consejo es: reduce el tiempo que pasa entre una decisión y la acción. Un emprendedor es aprendiz en el arte de actuar, incluso si no está completamente listo. No se trata de hacerlo bien a la primera, sino de acabar haciéndolo de primera. Cuando el emprendedor decide actuar no espera ni 24 horas para pasar a la acción; por esa razón se le conoce como «emprendedor», porque empieza y termina las cosas. Esperar lo mata. Sabe muy bien que si actúa en las siguientes horas, sus ideas verán la luz.

Es la magia de empezar. ¿Y la suerte? La suerte viene después. Actúa, y cuanto más actúes, más suerte tendrás.

Los obstáculos no son «una señal del universo» para renunciar, son una indicación del universo para que descartes los caminos menos interesantes y lo intentes de otro modo. La única «señal» que hay delante de tus narices es que no lo has intentado lo suficiente, por favor, no busquemos excusas metafísicas. ¿Se desanima un río si topa con una piedra o una montaña? Nada de eso, lo rodea y listo. Está en la naturaleza del río llegar al mar, como está en nuestra naturaleza manifestar nuestros anhelos. Y si eso no ocurre es que algo anda mal.

Creo que vale la pena escuchar a Ernest Holmes cuando dice en *Atraer la riqueza y el éxito* (Ediciones Obelisco): «Nuestro pensamiento es la semilla y la mente es la tierra. Estamos sembrando y cosechando siempre. Todo cuanto tenemos que hacer es sembrar solamente aquello que deseamos cosechar. Esto no es difícil de entender. No podemos pensar en la pobreza y, al mismo tiempo, cosechar abundancia». Cada billete que llega a tus manos es una excelente semilla para tu árbol del dinero, no lo dejes escapar.

Pensamiento, semilla, un concepto interesante. Por cierto, ¿qué has sembrado hoy en tu mente?

La mejor acción es la promoción y la venta. De hecho, hasta que no se produce la venta, en realidad no ha ocurrido nada. Lo anterior a la venta es teoría. Así que remángate, consigue tu primera venta; y después crea un negocio entorno a esa primera venta. Busca un cliente para empezar, cierra un trato y después desarrolla el modo de servirle a él y a otros. Si funciona una vez, repite, busca alguien más a quien servir, y así… Muchos buenos negocios empiezan de este modo: vendiendo algo que aún no poseen. Puede parecer atrevido, y lo es, pero funciona rematadamente bien. Yo mismo he firmado y cobrado anticipos por libros que aún no había escrito. También he cerrado el compromiso de ofrecer un seminario –que aún no había creado– en una empresa. ¡Es el modo de hacer negocios menos arriesgado que existe!, porque no trabajas y después vendes, sino al revés: ¡primero vendes y después trabajas!

Dell Computers lo tuvo claro desde el inicio. Decidió vender ordenadores por Internet sólo bajo pedido: primero cobra, después se aprovisiona, después monta, después sirve. ¡Ahhh! ¿Y no era para personalizar los ordenadores al gusto del cliente? No, eso es la excusa, en realidad el joven Sr. Dell ideó un negocio en el que cobrar por anticipado y no correr ningún riesgo de exceso de estocks, obsolescencia, distribución, devoluciones, impagos… Un genio de los negocios este muchacho.

Lo admito, mi mantra es «pasión por la acción».

Si actuar no te apasiona, es que no haces lo que debes. Punto. Puede que estés allí, pero tu corazón está en otro lugar. Y sé de qué hablo. Este desencuentro es una falta de coherencia que pasa factura tarde o temprano. Es la receta perfecta para el desastre. Me gusta leer a Mark Twain, un hombre listo: «Si amas lo que haces nunca más volverás a «trabajar», ni un solo día de tu vida». Muchos, te aseguro que muchos, dicen: «Primero ganaré dinero y después haré lo que amo». Otros, muy pocos, dicen: «Haré lo que amo desde el principio y el dinero ya llegará». ¿A quién crees que le va mejor? Mark Albion, observador empresarial que creó la red de empresarios con conciencia social, cita un estudio –de Scrully Blotnick– que siguió la trayectoria de 1.500 licenciados en ciencias empresariales que se licenciaron en 1960. Entonces, 1.245 graduados afirmaron que su prioridad era ganar mucho dinero para así poder hacer después lo que les gustaba. Los otros 255 eligieron trabajar primero en lo que les gustaba mucho y confiar que eso les proporcionaría dinero. En 1980, revisaron las cuentas de los 1.500 licenciados. Atención: encontraron 101 millonarios y, sorpresa, sólo uno pertenecía al primer grupo, el resto estaba en el segundo grupo. Puesto en números y porcentajes redondeados:

1.er grupo) Trabajar en lo que NO amas = 0,001% posibilidades de hacer fortuna. Cuatro de cada 400.000.

2.º grupo) Trabajar en lo que SÍ amas = 40% posibilidades de hacer fortuna. Cuatro de cada 10.

Conclusión, elige con el corazón, sé «terrible» en lo que elijas, sé rematadamente bueno. Agita y sacude tu mercado con la creatividad y no pasarás desapercibido.

El dinero detesta la pasividad; y ama el atrevimiento, la acción y la velocidad. Toca correr, y mucho (al final del libro te entregaré un cuento extraordinario que espero que aumente tu velocidad de crucero, incluso tu altitud).

Algunos creen que para conseguir resultados extraordinarios deben ser «personas extraordinarias»; como no se consideran como tales, ni siquiera empiezan. Quisiera que leyeras esto dos veces: el truco está en ser una persona ordinaria haciendo cosas extraordinarias. No se trata tanto de ti, sino más bien de lo que sucede *a través de ti* cuando emprendes la acción creativa. Siempre digo que el Universo busca voluntarios dispuestos a crear.

¿Preparados?, ¿listos?, ¡ya!

Nota: Es hermoso leer un libro inspirador y comprender una nueva idea, entender la teoría… pero es horroroso disponer de esa información y no aplicarla a la práctica. Acabo de definir la necedad: disponer de un conocimiento y elegir ignorarlo.

¿Qué tal si te tomas súper en serio este capítulo?

35
Las claves para emprender

Imagina que acudes a mi gabinete de *coaching* en Barcelona a fin de tener una entrevista personal conmigo para hacer estallar tu economía. Adelante, entra en mi despacho de ambientación zen y acomódate. En unos minutos, crearemos un clima de colaboración y confianza. Lo primero que te preguntaré es: ¿Qué quieres conseguir o deseas mejorar en tu vida? Después revisaremos tus valores y tus talentos, lo que has hecho bien y lo que podrías hacer mejor. Imaginaremos cómo cambiará tu vida cuando conquistes tu libertad financiera y fijaremos tus metas.

En nuestra reveladora conversación, yo te haré más preguntas a ti que tú a mí; pero sin duda querrás saber qué es lo que me ayudó a convertirme en un infoemprendedor. Compartiré contigo algunas de las cosas que aprendí en mi experiencia.

Podría escribir un libro entero sobre lo que ahora sé sobre el oficio de emprender, pero voy a resumirlo en unos párrafos antes de que salgas de mi gabinete de *coaching* con una inmensa confianza en ti y la certeza de que algo muy bueno va a ocurrir.

Son los consejos que le doy a quienes empiezan un negocio personal. Confieso que el punto de inflexión de mi profesión llegó cuando descubrí la importancia de lo siguiente:

Combina productos y servicios. Si lo tuyo es un producto, entonces necesitas complementarlo con un servicio, y a la inversa. Prescindir de una de esas dos fuentes de ingresos es un gran error. Un ejemplo práctico: si vendes aparatos de aire acondicionado, vende también el mantenimiento y la instalación. Si vendes formación, «empaquétala» en productos: CD, DVD, Manual... y véndela. La banca lo llama «venta cruzada». Para un banco no es admisible que un cliente lo sea de un sólo producto. Digamos que, colocar entre tres y cinco productos diferentes por cliente es un buen síntoma del músculo comercial de su red de ventas. Los servicios son muy gratificantes porque facilitan el contacto directo con el cliente pero tienen el inconveniente de exigir tu tiempo. Un producto es más agradecido porque puedes suministrarlo sin que requiera tu tiempo. Lo ideal es la «venta cruzada», combinada, de tus servicios y productos.

Comunica tu propuesta. La venta es el resultado de una conversación estructurada. Si eres capaz de convertir tus conversaciones en pedidos, eres comercial. En ventas lo que cuenta no es a quién conoces sino quién te conoce a ti. Si tu estrategia de ventas es conocer más gente para venderles, acabarás agotado porque acercarte a tanta gente requiere energía y tiempo. Pero si tu estrategia de ventas es que te conozcan, serán ellos quienes se acercarán a ti para comprarte. Te preguntarás: «¿Cómo hacer que los clientes se acerquen?». Pensaba que no ibas a preguntármelo. Sencillo: usando Internet, consiguiendo referencias, con un *marketing* inteligente, posicionándote en tu mercado, convirtiéndote en una autoridad en lo tuyo. En fin, dejándote ver para que los clientes puedan encontrarte… Y con esto creo que basta para empezar.

Elige tus clientes ideales. No puedes ofrecer utilidad a todo el mundo, así que deberás elegir tu clientela. No creas que cualquiera debería ser tu cliente, piénsalo, si todo el mundo es tu cliente, entonces nadie es tu cliente. Descarta las personas a las que no quieres vender y conseguirás el tiempo para dedicarte a las que sí les quieres vender. Trabaja sólo con los clientes que te inspiren, y a quienes inspires. El autor David Maister lo dejó bien claro: «¿Por qué va a pasar la mayoría de esta vida trabajando para clientes aceptables en cosas meramente tolerables, cuando, con un poco de esfuerzo en relaciones con el cliente, *marketing* y venta, podría pasar sus días trabajando para personas interesantes en cosas apasionantes?». Para poder elegir necesitas dar respuesta a estas preguntas: ¿Quién es mi cliente ideal? Y ¿A quién quiero atender en mi profesión? A clientes «guays», sin duda. ¿Por qué? Porque tú eres tus clientes.

¿Cómo es tu cliente ideal? Posee tres características:

1. Te pide más servicios o productos porque los valora.
2. Saca lo de mejor de ti como profesional.
3. Te conecta con otras personas de su entorno.

Sabrás que un cliente es tu ideal porque disfrutas con él y en lugar de quitarte energía te la proporciona. Pero si trabajas con clientes con los que no hay *química*, la relación será frustrante para ambas partes. Por ejemplo, mi cliente ideal es: *mujer de cualquier edad, ama la lectura, invierte en sí misma, es independiente económicamente, prioriza su desarro-*

llo personal, vive con conciencia y espiritualidad, valora mi trabajo, y me recomienda a sus amistades… Más o menos.

Ahora tienes tres buenas preguntas que responder (detén tu lectura y anota tus respuestas):

Primera: ¿Quién es tu cliente ideal?
Segunda: ¿Qué quiere tu cliente ideal?
Tercera: ¿Cómo sirves a tu cliente ideal?

Apasiónate por tu negocio personal. No te impliques en aquello que no ames de verdad, no funciona. Y debes hacerlo ahora, no cuando todo este bien. Las cosas nunca estarán bien si antes no haces espacio a lo excelente (proyectos, clientes, colaboradores, ideas…). Hay un proverbio rumano que dice que no metas la cuchara en la olla que no hierve para ti. Es decir, en la olla equivocada. Peligro de indigestión. Renuncia a lo regular e incluso a lo bueno para enfocarte en exclusiva a lo asombroso. No bajes el listón de ese estándar. Hay una razón: eres lo que haces (te conviertes en ello). He encontrado estadísticas que afirman que sólo el 20% de los que trabajan aman lo que hacen. El 80% restante se levanta cada día nada más que por un sueldo. Y yo no dejo de pensar en ello y de preguntarme cómo sería el mundo si esa proporción se invirtiera…

Diseña. Aunque lo tuyo sea un servicio (y no un producto), el diseño te incumbe. El diseño es aplicable (o debería) a todos los negocios. Todos «diseñamos» en nuestra profesión: cómo vestimos, el vocabulario que usamos, nuestros argumentos, nuestro material de promoción, nuestros despachos… Así que deberás «diseñarte» para entrar en negocios serios. Philippe Starck (si no sabes quién es, busca en la wikipedia y hazte con alguno de sus diseños de inmediato) es el monte Everest del diseño. Vayamos ahora a Japón. Un presidente de Sony dijo: «En Sony asumimos que todos los productos de nuestros competidores tienen básicamente la misma tecnología. Lo único que nos diferencia es el diseño». ¿Ves como sí necesitas diseño?

Define tu política de precios*.* En tu mercado, siempre habrá quien esté dispuesto a competir por el precio más bajo; como en cualquier guerra, todos pierden. La receta para el desastre es una política de precios que te lleve a ser el primero… en precios bajos. Muchos, pero que muchos, negocios han cerrado por enzarzarse en absurdas competiciones de precios. Deja a otros las ventas por precio. Lo que ha de diferenciarte de la competencia no debe ser el precio. Si vas a competir en precios, es mejor competir en el segmento de los precios más altos, al menos esa clase de guerra no acaba con todos los contendientes. Sí, posiciónate en el segmento alto de precios –donde se compite en prestigio–. El segmento intermedio de precios no es interesante porque te sitúa en una zona «invisible» a los ojos del mercado (donde más oferta se concentra).

Diferénciate*.* La diferenciación de tu oferta es lo que te dará visibilidad. Ser «visible» en los negocios lo es todo. Demasiados proyectos cierran por un exceso de *posibles clientes* y escasez de *clientes reales*. Recuerdo el cambio que experimentó un cliente cuando comprendió que su problema era su «invisibilidad» (no se diferenciaba en nada de nadie, su cualidad era el mimetismo). Un ejemplo de diferenciación, verídico, es el de un hombre del tiempo en cierta emisora de radio que daba el parte ¡cantando!

Mejora continua. Tengo una fórmula de dos palabras para el éxito financiero: mejora continua. Te sugiero la mejora continua (Kaizen) tanto tuya como de tu negocio. Desarrolla tu oferta, año tras año, hasta convertir tu propuesta en algo genial. Tu clientela lo apreciará con una respuesta entusiasta. La vida es un proceso de mejora continua y los negocios no escapan a esto. Venta, mejora; venta, mejora; venta, mejora… Saca al profesional que hay dentro de ti y muéstraselo al mundo. Evoluciona a tu versión 1.0 y luego a la 2.0 y así… Si inviertes un tres por ciento de tus ingresos anuales en formación, avanzarás como un reactor hacia la excelencia. No olvides hacerte esta pregunta a menudo: «¿Por qué un cliente habría de elegirme a mí y no a otro?»

Podría mencionar claves adicionales, pero a fin de no extendernos vamos a dejarlas para nuestra sesión de *coaching on line*. Te garantizo que si te apuntas nada más que a la mitad de las que mencioné arriba, tu negocio personal será brillante. Casi puedo verlo.

36
Tu negocio necesita
un superproducto irresistible

Voy a compartir contigo una de las estrategias que mejores resultados me ha proporcionado en mi trabajo como emprendedor: crear y vender mis propios productos. Un producto es una fuente de ingresos adicional para tu sistema de ingresos múltiples y pasivos. Si no tienes productos propios, puedes vender productos de otros en los que, por supuesto, creas al cien por cien.

¿Qué productos puedes ofrecer a tu mercado? Se me ocurren varias categorías de productos, sin ser excluyentes entre sí:

- Necesidades principales.
- Necesidades secundarias.
- Novedosos y originales.
- Antiguos pero rediseñados.
- Versiones mejoradas de anteriores.
- Personalizados al cliente.
- De temporada o estacionales.

Tu negocio personal necesita un producto estrella, algo que mole, tu superproducto: la estrella de tu *show* en tu circo de tres pistas.

Ofrece el producto adecuado en el momento adecuado y para el público adecuado (el colmo de la sincronicidad). Para ello, deberás cubrir una necesidad antes que nadie, mejor que nadie, o de diferente manera que otros. Por supuesto, será imitado, pero mientras los demás se esfuerzan en imitarte tú ya está desarrollando la siguiente evolución: la 2.0, la 3.0...

Cuando trabajaba en Bankinter, el banco más innovador del sector, me sorprendía que la dirección de la entidad no se molestase por ser el banco más imitado del país. Al contrario, lo consideraban un cumplido y convivían con ello. Lo que ocurría era que el banco siempre conseguía dar un paso más allá en la innovación mientras los demás iban a rebufo. Para la competencia, imitarnos era en realidad una desventaja porque cuando se sumaban a la tendencia ésta estaba muy madura o agotada. Llegaban tarde. Como autor me doy cuenta de que soy imitado en el sector. ¿Me molesta? No, cuando el mercado examina sus propuestas, en cierto modo, ¡oye un eco de mi voz!, ¡son publicidad gratuita!

Tampoco te preocupes si tienes competencia en tu mercado, en realidad es una buena señal, eso significa que hay mercado. Lo inusual es no encontrar competencia. Cuando no hay competencia es que no hay mercado. ¡Sal rápido de ese «negocio»! Y cuando trabajes no lo hagas con un ojo puesto en lo que hace la competencia. Ve a lo tuyo o se te podría torcer la letra. Lo que cuenta es que mientras estás siendo imitado, tú ya trabajas en tu próximo proyecto novedoso que te coloca por delante.

Como imagino que a estas alturas estás esperando algunas ideas para empezar tu propio negocio, te diré que lo mejor que puedes hacer al respecto es preguntarle a tu corazón qué anhelaría hacer, pero mientras llega la respuesta de tu corazón, aquí tienes una lista de fuentes de ingresos y negocios *low cost* para empezar:

Servicio de catering, *chef a domicilio, instructora de cocina, diseñador de* newsletters, *redactor de memorias, asistente virtual, asistente personal, traductor, recogida de niños,* coach *para niños, info-emprendedor, diseñador de webs, vendedor en Ebay, comercio* on line, coach *personal, doula, dar clases y conferencias, consultor de imagen, mánager, entrenador de mascotas, paseador de perros, asistente personal de compras, diseñador de jardines y paisajes, terapeuta, diseñador de presentaciones* power point, *diseñador gráfico, organizador de eventos, publicidad en* blogs *temáticos, organizador de fiestas para niños,* outlets, *alquilar el piso como despacho en horas laborables, ingresar en programas de afiliados en Internet,* «quality rater» *para Google, mentor, consultor, escritor por encargo, lector editorial, asistente de contenidos...*

¿Trabajos raros?, tal vez, pero te aseguro que algún día sólo existirán «trabajos raros», así que encuentra tu rareza cuanto antes. Por ejemplo, una mujer llamada Debra Fine se inventó su actual profesión (consultora de conversaciones triviales o *small talk*). Ella se dio cuenta de que ciertas personas son incapaces de arrancar una conversación y romper el hielo; y como ella es muy extrovertida aplicó su talento a cubrir esa necesidad. No sé si es un «trabajo» o no, la cuestión es que tiene clientes y gana dinero con lo que le gusta.

Cuando alguien me dice que no sabe a qué dedicarse, casi no lo puedo creer, ¡hay tantas cosas por hacer en este mundo! Y no dejan de crecer. Surgen nuevas ocupaciones que son la combinación de otras ya existentes ¡Haz un cocktel de trabajos! La opinión del experto: «Muchas de mis mejores ideas para empezar negocios nuevos provienen de conversaciones con gente, o oír algo casi de pasada. El verdadero emprendedor nunca tiene su antena en modo apagado» (Richard Branson).

Si tomamos en consideración los productos se pueden clasificar en cuatro categorías principales:

1. Productos «incógnita»: Cuando se trata de un nuevo producto nadie sabe a ciencia cierta qué éxito tendrá. Al principio de su vida, todo producto es una incógnita y el único modo de salir de dudas es testarlo haciendo pruebas o tirarse a la piscina y salir al mercado.

2. Productos «estrella»: Si ya se ha alcanzado una buena posición en el mercado por su crecimiento, el producto se llama «estrella». Sin embargo, no necesariamente un producto estrella genera aún beneficios y el reto consiste en convertir el producto en un producto «vaca».

3. Productos «vaca»: Cuando el negocio personal ya ha logrado una posición competitiva en su mercado, llegan los ingresos y el emprendedor recoge los frutos; es decir: «ordeña su vaca».

4. Productos «perro»: Si se trata de un producto de lento crecimiento es un producto «perro» (sin ánimo de ofender). Debido al lento crecimiento, el producto consume unos recursos que podrían dedicarse a otros

productos más rápidos. Es el momento de plantearse si seguir con el producto o sustituirlo.

¿Tienes más perros que vacas?, ¿más incógnitas que estrellas? Lo importante es saber cuándo entrar en un negocio y cuándo salir. La persona promedio se suma a tendencias agotadas cuando es justo el momento de salir. Las consecuencias de esta falta de visión son catastróficas: algunos (francamente bastantes) empiezan un negocio que ya no es un negocio. ¿Cuándo es el momento de hacer algo diferente? Cuando todo va bien, porque cuando las cosas van mal nadie puede pensar ni concentrase en nada.

Prestemos atención a Sir Richard Branson, consejero delegado de Virgin Group, cuando dice: «Todo nuevo producto o servicio que ofrece el grupo Virgin debe (1) ser de la mejor calidad, (2) proporcionar una utilidad valiosa, (3) ser innovador, (4) desafiar radicalmente las alternativas existentes y (5) proporcionar diversión».

En resumen, busca un superproducto en el que creas ciegamente, promociónalo, y conviértelo en una vaca lechera.

37

Reproduce un modelo
de éxito probado

Está comprobado que contar con buenos referentes de éxito lo es todo. Si eres capaz de identificar personas o negocios que admiras por algún motivo, aprenderás a modelar el éxito. Aprende de los que saben, no de los que no saben. Modela su ejemplo como quien sigue un mapa de ruta. Disponer de referentes de éxito puede suponerte un salto cuántico en tu proceso de empleado a emprendedor y hará que te ahorres tiempo y errores.

Modelar es un proceso acelerado de aprendizaje y la manera más rápida de conseguir lo que deseas. No te alteres con eso de: «¡pero yo quiero ser yo mismo!». Sin duda lo eres, y por supuesto hazlo a tu manera pero déjate ayudar. Un referente te da la confianza de saber que otros, antes de ti, lo han logrado. Si miles, o cientos de miles, consiguieron lo que tú deseas, ¿por qué no ibas a conseguirlo?

Examina mercados foráneos donde encontrarás cientos de productos y servicios exitosos que aguardan entrar en tu mercado. Busca tu oportunidad. Conviértete en su distribuidor, asóciate para tomar ventaja de la nueva economía global e introduce un producto genial en tu mercado a través de tu negocio personal.

¿Dónde está tu oportunidad? Alguna vez habrás consumido servicios o productos que te han gustado un montón. Ahí tienes una oportunidad. Contigo ha funcionado, ¿quieres que lo disfruten otras personas? Apuesta por aquello en lo que crees como usuario. Adáptalo, o rediséñalo, o personalízalo, o distribúyelo… pero haz algo que añada valor.

En resumen, tu gran oportunidad como «director de orquesta» puede consistir en:

Sinfonía I: Adaptar una idea que funciona en otros países.
Sinfonía II: Identificar una necesidad no atendida.
Sinfonía III: Mejorar un producto o servicio que ya existe.
Sinfonía IV: Cualquier cosa que mejore la vida de las personas en algún aspecto.

¿Ves las oportunidades? ¿Oyes cómo suena cada melodía? ¿Te imaginas dirigiendo? Saluda para corresponder la ovación de aplausos de tu clientela.

Dato comprobado: el éxito sigue modelos, referentes, protocolos, recetas, leyes. Sobre el éxito está todo escrito, de modo que reproducirlo es cuestión de aprender sus reglas y repetirlas.

El dinero también tiene su Código, no es un secreto, pero casi nadie lo aplica. Sorprendo a las audiencias cuando explico que manifestar un deseo es tan simple como aplicar la receta de un plato de pasta (de la que se come). Tan sencillo y rutinario que provoca bostezos; tan increíble, a la vez, que pocos lo hacen.

En mis conferencias en empresas, doy pautas como las de esta lista (incompleta) de los errores comunes del emprendedor. Por desgracia, demasiados empresarios parecen empeñados en acabar con su negocio. Pero el fracaso no es un accidente, ni es casual, es una suma de errores no corregidos.

Imaginemos, por ejemplo, que quieres dedicarte al diseño de webs. Tienes una idea y vas a empezar tu negocio. Adelante con tu proyecto, pero no tropieces en estas piedras:

Error (piedra) 1: No diferenciarse. En nuestro ejemplo, «diseñador de webs» es demasiado genérico. Tiene que diferenciarse, buscar su nicho de mercado que le convierta en un especialista, por ejemplo en tiendas *on line*, por decir algo. Muchos emprendedores creen que deben atender a todo el mundo y ven en la especialización un límite a su negocio. Y es lo contrario, si quieres servir a todos, acabarás no sirviendo a nadie. Empieza en un segmento específico, muy especializado, y después ya ampliarás tu oferta.

Error (piedra) 2: No tener un plan de acción. Si no tienes un plan puedes acabar... en ninguna parte. ¡Es como perderse en el espacio! Sin plan no tienes un negocio, tienes una idea. Y las ideas que no se materializan no dan dinero, son como un sueño que se olvida al despertar. Necesitas crear una visión, una misión sobre los valores de tu proyecto y crear tu modelo de negocio. Sin eso en mente, acabarás desdibujando tu oferta. Por ejemplo, nuestro diseñador de webs del ejemplo no atraerá la atención de inversores si no posee un modelo de negocio que convenza.

Error (piedra) 3: Imprimir una tonelada de folletos antes de empezar. Ni te imaginas cuántas veces cambiarás el modelo de tu negocio sobre la marcha (descubrirás poco a poco lo que funciona y lo que no). ¿Y entonces qué harás con esa caja de folletos que ya no te valen y que te costaron un dineral? Cuando lleves seis meses, empezarás a tener un poco más claro tu modelo de negocio. Sólo entonces encarga tu material de publicidad: folletos, tarjetas, logo, etc.

Error (piedra) 4: Explicar lo que haces y cómo lo haces. Es irrelevante. Explícales mejor, los beneficios y ventajas que obtendrán al ser tus clientes. A tus clientes potenciales no les interesa *lo que haces* sino *lo que consiguen*. No te pierdas en explicaciones técnicas que tu cliente no entenderá, dile mejor lo que ganará al hacer tratos contigo. Por ejemplo, nuestro diseñador de webs no debería apoyarse en explicaciones técnicas, sino en ejemplos visuales de sus diseños. Si aprendes a identificar problemas y ofreces soluciones habrás excavado una mina de diamantes a cielo abierto.

Error (piedra) 5: Desatender la acción comercial. El secreto en las ventas es la acción comercial continua. Adquieres notoriedad en tu mercado cuando tu potencial cliente ha sido expuesto a tu oferta media docena de veces. Y tu nombre tiene que sonarles familiar para cuando te necesiten. Si oyen de ti una o dos veces, te olvidarán. Usa todas las técnicas de *marketing* para ser visible. En nuestro ejemplo, cuando a una empresa le llega el nombre de un diseñador de webs por varias vías diferentes, *necesitará* contratarle.

Error (piedra) 6: Abandonar prematuramente. La persistencia es la clave del éxito en todos los campos. Fija una meta, traza un plan y luego haz algo cada día que te conduzca allí. Actúa día sí y día también. Emprender es una maratón, no una carrera corta de velocidad, gana el que insiste lo suficiente. Empezar un negocio personal es una de las cosas que requieren más disciplina del mundo. Para mí, la disciplina es la forma de autoestima más elevada. Si te quieres, actuarás. Tu recompensa llega cuando, tras situar tu negocio en la zona de seguridad financiera, lo sistematizas para que funcione casi por sí mismo. En unos segundos sabrás lo que significa sistematizar.

La lista podría seguir, pero creo que con lo mencionado es suficiente para empezar.

38

Sistema, ¿Sistema?, ¡Sistema!

Imagina que por la mañana vas a tu negocio (tu propia maquina de hacer dinero) y le das la vuelta a la llave de contacto y se pone en marcha. Al anochecer, vuelves y cierras el contacto de la llave hasta el día siguiente. ¿Te interesa? Como doy por seguro que sí, responderé a la pregunta que ahora ronda por tu cabeza: ¿cómo conseguirlo? Respuesta: creando un sistema perfecto.

Definición 1 de sistema: conjunto de procesos que relacionados entre sí ordenadamente contribuyen a obtener un resultado.

¡Qué idea! Sí, un sistema es un proceso que se repite una y otra vez para crear el mismo resultado. Un sistema en pleno rendimiento es un activo (y un activo es aquello que pone dinero en tu bolsillo). Sistematizar un negocio hace que éste necesite cada vez menos del propietario. Un sistema no depende en última instancia de las personas, sino de los procedimientos establecidos que aquéllas controlan.

Definición 2 de sistema: talento convertido en utilidad que genera una fuente de ingresos ilimitados.

Un sistema perfecto es un negocio perfecto. El «negocio perfecto» es un «sistema» que produce resultados incluso sin el emprendedor. El objetivo último de un buen negocio o sistema es liberar a su propietario y financiarle el estilo de vida que desea.

Un sistema es gobernable. Cuando ya no lo es, algunos deciden reducir el tamaño del negocio para que vuelva a ser gobernable. Ejemplo: ciertos negocios personales crecen caóticamente hasta el punto de conducir a la «locura» a su propietario, que decide finalmente llevarlo al estadio inicial de simplicidad: sólo él. Un viaje de ida y vuelta. Es una pena.

Me gusta la palabra «sistema» porque está libre de los prejuicios de la palabra «negocio». Al principio trabajas para el sistema, después el sistema trabajará para ti.

De manera que sé listo, crea un sistema y échate a dormir; o mejor aún, crea otro sistema. Colecciónalos como quien colecciona chapas de tapones de cava o llaveros.

En una primera fase necesitas sistematizarlo, en la segunda etapa precisas hacerlo crecer, y en la tercera tienes que repetir. Sistema, crecimiento, repetición, y ya está.

Un ejemplo de sistematización es el de Michael Dell, propietario de Dell Computers, quien ingenió una nueva manera de vender ordenadores: por Internet o teléfono (*e-commerce*), bajo pedido, a medida del cliente y evitando intermediarios. Se ahorró el coste de tiendas, distribuidores y *stocks*. Resultado, hoy su negocio es uno de los fabricantes líderes mundiales en PC. Y él, uno de los tíos Gilitos globales.

Un sistema perfecto no te necesita trabajando en él, pues el sistema trabaja para ti. Si una persona es imprescindible en un negocio es que es un sistema imperfecto; pero si esa persona deja de ser imprescindible, posee un negocio perfecto. Una cosa es ser propietaria y otra trabajar en el negocio.

Idea básica: un sistema perfecto es sinónimo de libertad financiera. En términos económicos, es una máquina de hacer dinero. En términos de libertad, es la independencia. Tu negocio perfecto no debería depender de ninguna persona en concreto, y mucho menos de ti.

Los emprendedores que no han perfeccionado su sistema necesitan trabajar muy duro como gestores; sin darse cuenta de que en realidad tienen un autoempleo con apariencia de negocio.

La clave en un negocio es trabajar más en el sistema que en mejorar el producto o servicio. El alma del sistema debe ser el proceso, no el propietario. Éste es el paradigma de libertad financiera: crear y poseer un sistema que trabaje para su propietario y no al revés.

En todo el mundo, florecen empresas a las que puedes encargar tareas administrativas a tu asistente virtual (A.V.), que lo hará remotamente, desde otro país tal vez, por un precio/hora muy interesante (unos 10 dólares/hora, unos más, otros menos). ¿Qué tareas?: traducciones, contabilidad, impuestos, presentaciones multimedia, comercio en Internet, *call center*, *marketing* y publicidad, documentación, gestión de web, gestión de bases de datos… Es genial levantarse por la mañana y encontrar en tu *e-mail* parte de tu trabajo realizado por tu A.V. mientras tú dormías. Encuentra el tuyo en, por ejemplo, International Virtual Assistans Association: www.ivaa.org. El mío se llama Sangeeta, es indio.

Ofrecen los servicios de *back office* (anteriores y posteriores a la venta de productos).

La fórmula para crear un sistema es «hacerlo simple», cuanto más simple mejor. Tan simple que no te necesite a ti. De acuerdo, sé por experiencia que lograrlo es complicado, pero es posible. Para conseguirlo es necesario trabajar *sobre* el negocio y no *en* el negocio. Voy a explicarte por qué (hay una diferencia abismal):

Trabajar en el negocio es autoemplearse y formar parte del sistema; no hay libertad, sólo trabajo.

Trabajar sobre el negocio es refinar el sistema para hacerse prescindible en su funcionamiento, es la libertad.

Para crear un sistema perfecto hay que trabajar *sobre* tu negocio como si el objetivo final fuera venderlo. Has oído bien. Aunque eso no ocurra, finalmente lo que sí sucederá es que el sistema trabajará para ti y no tú para el sistema. Tu objetivo es ser prescindible en tu negocio personal.

No es lo mismo tener un negocio que tener un negocio-empleo. Por ejemplo, no es lo mismo gestionar un restaurante que ser el jefe de cocina, el camarero y el friegaplatos a la vez. Si tuvieras que elegir entre ambos, adivino qué modelo escogerías. Cuando empezó IBM, por ejemplo, dedicaban más tiempo al desarrollo del negocio que a hacer negocio. No hacían negocios nada más, en realidad construían un gran negocio.

¿Cuál es la ventaja de las franquicias? Que están muy sistematizadas: saben en todo momento qué hacer y cómo hacerlo. Además es un sistema que permite el aprovisionamiento con economías de escala (fuera del alcance de las pequeñas empresas). Por todo ello entre un 75 % y un 90 % de las franquicias son rentables (no puede decirse lo mismo de los negocios no franquiciados que cierran el 80% después de sus cinco primeros años). ¿La causa? Lo has adivinado: la falta de sistema.

Cualquier negocio personal, sea el que sea, es susceptible de sistematizarse (incluso el tuyo, sí el tuyo). Un empleado puede sistematizar su trabajo, un profesional su profesión y un emprendedor su negocio.

Pero el ego juega malas pasadas a los propietarios, que quieren sentirse imprescindibles y son atrapados en su propia trampa. Es como caer por el agujero que acabas de cavar. Por desgracia, muchos empresarios autoempleados trabajan duramente, en interminables jornadas, hasta que caen rendidos. Con el tiempo, algunos abandonan agotados. Tal vez no era un mal negocio, pero era un mal sistema. Cuando trabajes, ponte como objetivo que tu negocio personal no te quite más vida de la que te da.

Palabra clave: sistematizar. Cuando hayas absorbido este concepto pensarás al nivel de las personas de éxito.

39

La gestión rentable de tu tiempo

Las personas, en realidad, se quejan más de falta de tiempo que de falta de dinero. Lo cierto es que el tiempo es más precioso, por escaso, que el dinero. Si se pierde una suma de dinero siempre se puede recuperar, pero el tiempo una vez ha pasado no vuelve jamás. De ahí su valor.

Un emprendedor puede ocupar su tiempo en el pasado, el presente o el futuro. Ocuparse en el pasado es trabajar en la contabilidad, pongamos por caso. Ocuparse en el presente es gestionar el día a día, por ejemplo. Ocuparse en el futuro es diseñar estrategias y fuentes de ingresos nuevas, para entendernos. ¿Qué es más importante para el emprendedor? Lo último, porque el resto lo puede delegar a otras personas. ¿En cuál de las tres ocupaciones pasas más tiempo? Según sea tu respuesta, tu negocio va: hacia atrás, está estancado o avanza.

Ya he dicho que resulta muy sospechoso que todos los trabajos requieran ocho horas diarias. ¿Extraña coincidencia, verdad? ¿Todos los trabajos del mundo exigen las mismas horas? Yo no me lo creo. Y tengo un argumento que demuestra la arbitrariedad de semejante horario. Es la ley de Paretto: «El 20% de tu tiempo crea el 80% de tus resultados». Dicho de otro modo, para un nivel de cumplimiento del 80% con trabajar el 20% de la jornada es suficiente. El resto se va en detalles. Son 100 minutos al día, con eso basta. Pero cien minutos intensos, haciendo lo que de verdad cuenta. Entonces, ¿en qué se ocupa el resto de la jornada? En mover papeles de una parte a otra, contestar *e-mails*, reunirse, hablar y hablar...

Pregunta: ¿Cómo se come un dinosaurio?

Respuesta I: a bocados. Respuesta II: entre muchos.

Secreto I: desmenuza en tareas pequeñas un gran proyecto, y lo terminarás. Secreto II: delega las tareas pequeñas del gran proyecto, y lo terminarás.

R.I.P. para el dinosaurio.

En mi caso, a medida que se complicaba mi agenda tuve que aprender a gestionarla. Como era muy sencillo anticiparme y pensar qué debía hacer la semana siguiente, aprendí a centrarme en el aquí y ahora. «Un día cada día, una sola cosa cada vez.» Mi mantra. Suena muy zen y lo es. A mí me ha salvado de la locura. Te lo recomiendo, el trabajo es más sencillo cuando te lo tomas a sorbos. Una cosa cada vez.

Delega cuanto puedas, en esto es mejor el exceso que el defecto. Sí, ya sé que nadie lo hará mejor que tú, pero es que no se trata de conseguir el Oscar a la perfección, ¡lo que persigues es tu libertad! Puedes delegar el 80% de tus tareas que crea el 20% de tus resultados, tampoco es tanto. Son tus tareas de bajo rendimiento. ¡Sólo estás dejando en manos de tus colaboradores el 20% de tu negocio pero liberas el 80% de tu tiempo! ¿No es genial?

«No basta con estar ocupado... la cuestión es: ¿en qué estamos ocupados?» (Henry David Thoreau). No se trata de hacer más, sino de hacer lo que cuenta.

Los manuales y cursos que pretenden que hagamos más en menos tiempo son un fracaso. Aunque siempre habrá quien acuda a ellos con la esperanza de descubrir un secreto para conseguir que un día tenga más horas de las que tiene. Imposible, y de ser posible, acabaría por quedarse corto también. Estar muy ocupado no significa nada si lo que te ocupa no es lo correcto. Muchas personas hacen tareas que en realidad no son necesarias. ¿Qué cómo lo sé? Porque no les conducen a ningún lado. Es como si corriesen sobre una cinta de trotar que no les lleva a ninguna parte, salvo al agotamiento. Al final, todo consiste en utilizar el tiempo disponible para lo importante.

Divide el día en compartimientos de tareas. Por la mañana una cosa, o las que sean, y por la tarde otras. Yo mismo dedico todas mis mañanas a los asuntos que marcan una diferencia en mi profesión: planificar, escribir libros, aprender, promocionarme. Y por la tarde salgo a escena: cursos, conferencias, entrevistas en medios de comunicación. Es decir, me reservo medio día para desarrollar mi modelo y la otra mitad para trabajar en él. Organización & Planificación. ¿Puedes creerte que, en una encuesta, un 72% afirmó no planificar su tiempo porque no «tenían tiempo» para ello?

Pregúntate y escríbelo: ¿cuál es el mejor uso de mi próxima hora? Tu jornada no debería contemplar más de dos prioridades, dos grandes asuntos al día. Y basta. Estar ocupado no significa nada de nada, hasta un holgazán está *ocupado* en no hacer nada. Todos inventamos tareas innecesarias (surrealistas) para no tener que hacer las necesarias.

¿Resultados o tareas? Yo lo tengo claro, ¿y tú? El emprendedor, el bueno al menos, no busca estar ocupado, persigue resultados. Deletreo: r-e-s-u-l-t-a-d-o-s. Por ejemplo, yo no escribí un libro (tarea), construí un *best seller* (resultado). ¿Ves la diferencia entre tareas y resultados? Ahora, sustituye las tareas de tu agenda por resultados (o al menos anótalos al lado de cada tarea) y verás cómo aumenta tu eficiencia.

Los resultados son importantes, las tareas suelen ser urgentes aunque no necesariamente importantes. Por ejemplo, el timbre del teléfono es una urgencia que atender pero no tiene por qué ser importante (imagina que es alguien que se equivocó de número). Moraleja: lo urgente hace ruido, lo importante es silencioso.

Pregúntate: ¿pongo lo importante en primer lugar?

Usa la agenda y distribuye tus proyectos por meses. Si tomas un calendario con todo el año a la vista, y vas anotando cada mes los hitos profesionales que te propones cumplir, tendrás una visión global de lo que esperas en tu año. Poner fechas es importante. «Un objetivo sin un plan es sólo un deseo» (Antoine de Saint-Exupéry). Y añado, con su permiso: y sin una fecha, sólo es una idea.

Protege tu tiempo. Aprender a decir «no» es la cima de la autoestima. Me explico: cuando dices «sí» y quieres decir «no», en realidad te estás diciendo «no» a ti. Y ¿cuánto tiempo puedes aguantar esta situación?, no mucho. He visto correr ríos de lágrimas por este asunto. Quiérete más y aprende a decir «no» cuando es «no».

Algunos ladrones de tiempo: *e-mails* sin pies ni cabeza, mensajes con *power points* con musiquitas, reuniones innecesarias, viajes injustificables, visitas sin cita, papeleo absurdo, llamadas telefónicas interminables, conversaciones en los pasillos con gente que no sabe qué hacer, interrupciones intolerables... pero tú no quieres eso para ti, ¿verdad?; tu tiempo cuenta, y si no que le pregunten a tu familia, que apenas te ve.

Haz tu gran lista de cosas a evitar. Y luego ponle título a tu lista: «Tu política». Si le dices a alguien que no puedes hacer lo que te pide porque es «tu política profesional», lo respetará sin discusiones. Nadie te puede discutir la «política de la casa», no es nada personal, es una norma. Funciona.

Enfócate en lo importante. En esto deberás ser implacable. ¿Qué es lo más importante que podrías hacer para lograr el mayor impacto en tu propósito? Si una tarea no te acerca un poco más a tu meta, es que no vale la pena. Descártala. Aplícate la resolutiva técnica: «Touch Paper Once» (Toca el papel una vez): cuando aterrice un papel en tu escritorio tienes tres opciones: o bien lo resuelves, o lo delegas, o lo reciclas en la papelera. En caso de dudas, la tercera opción será la más acertada.

Cobra por proyecto, no por horas. Siempre que sea posible, son mejores los honorarios profesionales por proyecto que contar las horas y multiplicarlas por un precio hora. Tus clientes compran resultados, o soluciones a sus problemas, no tu tiempo. Tu servicio es tu talento, y éste no debería contarse por horas. ¿Un director de orquesta cobra por horas? No, cobra por actuación. ¿Tom Hanks cobra por horas? Desde luego que no, cobra por película. ¿Y tú, cobras por horas o por proyecto?

La buena gestión del tiempo no se concreta en hacer más tareas en menos tiempo, sino en hacer lo que cuenta con más talento. El rendimiento se mide en talento aplicado, no en tiempo empleado. Ya puedes tirar tu reloj.

Escribí este capítulo para salvaguardar tu tiempo porque es la mayor riqueza que posees. Michael Landon, el protagonista de la serie televisiva *La casa de la pradera,* dijo en cierta ocasión: «Alguien debería decirnos, justo al principio de nuestras vidas, que nos estamos muriendo. Entonces podríamos vivir cada segundo de cada día». Da que pensar, ¿verdad? Tengo otra cita entre mis favoritas: «El tiempo es más valioso que el dinero. Puedes conseguir más dinero, pero no puedes conseguir más tiempo», de Jim Rohn, motivador.

40

Naufragios muy comunes

Hay errores de manual, de libro de texto, cantados..., tan frecuentes como previsibles y que pueden evitarse conjurándolos desde el principio.

Si pones atención en la siguiente lista de errores frecuentes, podrás evitar el 90 % de las causas de naufragio. Evita estos *icebergs*, si no quieres convertir tu negocio personal en un Titanic que se hunde en su primera travesía. Muchos proyectos e iniciativas no sobreviven a su primer año de vida. Y no quiero esto para ti. Para cuando hayas terminado la lectura de este capítulo, habrás aprendido a sortear los obstáculos que mandan a pique a la mayoría.

Iceberg n.º 1. Descuidar la formación financiera. Es imposible estar en los negocios e ignorar ciertos conceptos financieros básicos. Echa de vez en cuando un vistazo a la prensa salmón (economía), lee revistas de emprendedores, negocios y franquicias, sigue algún curso de inversión y gestión, lee libros de gurús empresariales y biografías de empresarios de éxito. ¿Verdad que no regateas con tu médico lo que te receta? Pues tómate igual el formarte con lecturas sobre finanzas, nadie ha preguntado si te gusta o no; ¡es imprescindible! Imagino que tienes cola de lecturas aguardando su turno, pero te sugiero que cueles alguna de las anteriores sugerencias en tu lista de pendientes. ¡Tu economía lo agradecerá!

Iceberg n.º 2. Comprar sin valorar otras alternativas. Se gana dinero comprando bien, no vendiendo bien. Creo que es tan importante dedicar tiempo a la compra de activos, productos o servicios como a su venta. Convierte cada compra en un acto de inteligencia financiera. Pregúntate: «¿Quién –o qué– pagará esta compra?» Si quien lo pagará eres tú, olvídalo, es un gasto. Si lo pagará tu negocio o tus clientes, adelante, es una inversión.

Iceberg n.º 3. Carecer de un fondo de emergencia o «*air-bag* financiero». Construye un fondo de reserva para tu «Libertad Financiera», a modo de cojín financiero, que cubra un año de tus gastos corrientes en caso de que pierdas tu fuente de ingresos. Trabajar con la tranquilidad de saber que tienes «baterías» para 12 meses te da serenidad (esto vale tanto para un empleado como para un emprendedor). El fondo de emergencia para los gastos de mantenimiento debería cubrir entre 3 y 12 meses, en función de lo que cueste reemplazar tu fuente de ingresos. Contar con 24 meses sería genial. Si cuentas con un buen respaldo irás a tu trabajo mucho más relajado y sin tanta presión porque si las cosas se ponen feas, tienes todo un año para darles la vuelta.

Iceberg n.º 4. No contar con liquidez de caja. Aprendí en la banca que las buenas empresas trabajan con su propio dinero, es decir con los fondos que la propia empresa genera. El flujo de caja de tu economía debe ser positivo, suficiente, y generar el líquido necesario para atender los pagos; es un asunto de cuadrar caja con el calendario. Las economías que no cuadran su liquidez con las fechas de pago, suspenden pagos.

Iceberg n.º 5. Pensar y actuar como autoempleado en lugar de como emprendedor. La prosperidad no consiste en dinero, sino en un modo de pensar. Cada rol (empleado, autoempleado, emprendedor) piensa de un modo diferente y actúa en consecuencia. Si una persona cambia de rol pero no de mentalidad, tendrá problemas. La disparidad entre *lo que se es* y *lo que se hace* es causa de muchos naufragios.

Iceberg n.º 6. Agotamiento. Trabajar más horas de las necesarias y además en tareas que no son importantes es la receta para el desastre económico y personal. En Japón ya le han puesto nombre a «la enfermedad del exceso de trabajo»: *Karoshi*. ¡Ups! No entres en la estadística de afectados por la epidemia. Muchos autoempleados están tan ocupados en trabajar que no les queda apenas tiempo para gestionar. El trabajo del emprendedor es diseñar un sistema de negocio perfecto que le libere cada vez más.

Iceberg n.º 7. No contar con un buen sistema de contabilidad. Disponer de la información en el momento adecuado lo es todo. He conocido personas que no saben, ni aproximadamente, cuánto ganan (o pierden). Están lejos de controlar su negocio personal. Subcontrata a un contable externo de tu confianza. Por tu parte, dedica un poco de tiempo cada semana a analizar, en una sencilla hoja de cálculo, la evolución de tus de ingresos y gastos.

Iceberg n.º 8. Gastar porque hay excedente de tesorería. Los excedentes no son para gastarlos o repartirlos. Una cosa es que se *pueda* gastar y otra que se *tenga* que gastar. Puesto que cada euro de beneficio te costó un trabajo ganarlo, busca un destino digno a cada euro ganado. Ponlos a trabajar para ti, te deben el favor. Declara cada euro tu «empleado del mes». Y no te despidas del dinero con tanta facilidad, tu trabajo es darle el mejor empleo posible a tu dinero, tú eres su «patrono», haz que trabaje para ti.

Iceberg n.º 9. Desviar dinero del negocio a lo personal. Algunas personas, los autónomos más que nadie, confunden su economía personal con la de su negocio. Y no son lo mismo. Como consecuencia de esta confusión suelen desviarse gastos de una economía a la otra, lo que genera una distorsión de la realidad. A veces, los primeros ingresos de un negocio financian gastos personales cuando deberían reinvertirse en el negocio para multiplicarse por el margen comercial. Déjame ayudarte en esto, lo primero que deberás hacer es llevar cuentas bancarias diferentes.

Iceberg n.º 10. No reinvertir los beneficios. Un negocio crece con el flujo de caja del propio negocio. La autofinanciación debe ser una prioridad. Dicho en pocas palabras, un negocio debe pagarse a sí mismo y proporcionar después un excedente para el propietario. Si los fondos generados abandonan la empresa, pronto habrá que acudir a solicitar financiación externa, endeudándolo y aumentando sus gastos por intereses. Todo lo cual lo coloca en una situación vulnerable y precaria.

Iceberg n.º 11. Necesitar los ingresos del primer año. Si un emprendedor tiene como fin tener un sueldo, es mejor que se busque un empleo en cualquier parte. El emprendedor no vive de un sueldo sino de los beneficios. No está interesado en fijarse un sueldo, sino en crear activos que le harán ganar mucho más que un sueldo.

Por ejemplo, Bill Gates no es el hombre mejor pagado del mundo; por eso es el hombre más rico del mundo. Steve Jobs, administrador de Apple, se tiene fijado un sueldo anual de un dólar. Sí, un triste billete de dólar es su nómina por 12 meses; ahora bien, como ama los variables, ingresa cientos de millones de dólares anuales en variables sobre los resultados. No te confundas, tiene que ganárselos...

Iceberg n.º 12. No contar con asesores contables, legales, informáticos, fiscales... competentes. Tu negocio personal será excelente si los colaboradores lo son también. Un negocio es un reflejo de su propietario, sus clientes, sus proveedores y sus colaboradores. No hay nada más peligroso que creer que se está bien asesorado y no estarlo. Otro error aún más frecuente es contratar a un consultor y después no hacer ningún caso a sus indicaciones.

Iceberg n.º 13. Exceso de éxito. La falta de éxito acaba con un negocio y el exceso también. No reinventarse cuando todo va bien es peligroso porque el éxito ilimitado es una fantasía. Si tu actual negocio personal es un éxito, es justo el momento de mejorarlo o de empezar otro. Reinvéntalo cada 24 o 36 meses. No tardes más, o pronto podría oler a rancio. Todos necesitamos descender y ascender en un proceso de construcción y deconstrucción. Por ejemplo: reescribe la misión, cambia tu tarjeta, cuestiona tu lema, mejora tu *marketing*, modifica todas tus presentaciones, rehaz tus folletos de arriba abajo, introduce algún producto o servicio nuevo y tira alguno a la basura (aunque aún te de dinero). Sí, has leído bien. Es mejor que lo tires tú que encontrarlo en la basura cualquier día. ¡Ohhh! Recíclate, los grandes lo hacen y les va muy bien. Picasso: «No existe construcción sin destrucción». ¡Aleluya!, alguien lo ha entendido. Es algo así como cambiar para permanecer. Giorgio Armani: «Estoy convencido de haber llegado a un punto en el que debo recomenzar todo desde el principio. Tengo que ser capaz de ponerme a mí mismo en tela de juicio. Está bien que sea así. Empezar siempre es positivo. Más que llegar». Corolario: si tú mismo «destruyes» tu negocio podrás construir otro sobre sus cenizas; pero si lo destruye el mercado, acabará contigo también.

Madonna es una artista de gran influencia, su virtud es reinventarse cada poco tiempo. Su imagen transformista sufre una revolución adelantándose a la tendencia y manteniéndose actual a través de las décadas. Hemos conocido sus diferentes versiones: inocente, actriz, descarada, punk, escritora, soez, sofisticada, blasfema, maternal, espiritual… Madonna lo es todo. Últimamente, en su nueva versión, se ha acercado a las filosofías orientales y también a la Cábala, habiendo dedicado 5 millones de dólares a crear una sede cabalística en Londres. Su secreto: reinventarse para permanecer.

41

Si te dedicas a los negocios, necesitas aprender a vender

Este capítulo contiene estrategias probadas para promocionarte como emprendedor. Ninguna cuesta dinero, cosa que se agradece cuando se empieza; pero eso no significa que salgan «gratis». En un momento las compartiré contigo.

Los ricos se centran en vender más, el resto en trabajar más.

Antes déjame decirte que el problema de los «negocios» es que no venden lo suficiente. Las palabras «negocio» y «venta» van de la mano. Son inseparables. Sería extraño que un negocio prosperara sin promoción, *marketing* y venta. Hay algunas excepciones, pero son casos rarísimos. Lo mejor es no esperar que tu negocio sea uno de esos casos, podrías llevarte un disgusto. Así que si quieres prosperar en tu negocio personal, deberás aprender a promocionarlo (a menos que puedas permitirte contratar a alguien que lo haga por ti).

Lo primero para vender es aceptar el rechazo.

He conocido excelentes profesionales en lo suyo: arquitectos, músicos, consejeros, terapeutas, diseñadores, informáticos… que eran muy buenos en su campo profesional, pero también eran un desastre a la hora de promocionarse. Aceptémoslo, ser un «genio anónimo» sirve de poco: es mejor dar a conocer ese genio al mundo para poder compartirlo. Recuerdo el caso de un cliente, un extraordinario saxofonista que dedicaba muchas horas a mejorar su habilidad con el instrumento pero ninguna a darse a conocer. En consecuencia no tenía trabajo y sobrevivía dando clases. Cuando en nuestra primera entrevista de *coaching* comprendió lo que ocurría, empezó a promocionarse más y ensayar menos. Conclusión: ya no es «el mejor saxofonista desconocido del país», pero ahora se prodiga en conciertos. Ahora él se siente reconocido y su público puede disfrutar de su talento. Todos contentos. Moraleja: la perfección no sirve de nada si nadie puede disfrutarla.

Las habilidades de promocionarse y de vender son el corazón del éxito financiero. «Todo el mundo vive de vender algo» (Robert Louis Stevenson, escritor). Espero que estés de acuerdo conmigo en que todos vendemos, todos trabajamos en las ventas, ya seas empleado o emprendedor. Pero ¿qué diablos vendemos?

No vendemos un producto, ni vendemos un servicio. Pero sí vendemos los beneficios de un producto o servicio. Vendemos soluciones a problemas, caray.

Y tú, ¿qué problemas solucionas? En los próximos minutos vas a descubrir que cuanto mayor sea el tamaño de los problemas que resuelves, más dinero llegará a ti. Por eso siempre digo que un gran problema es una gran oportunidad para quien sea capaz de resolverlo. Los expertos en solucionar problemas tienen cola en la puerta de personas, con dinero en mano, deseosas de pagar a quien les ayude a resolver sus problemas. Clave: busca problemas gordos, muy gordos, y luego remángate y aplícate a solucionarlos.

En lugar de promocionar *lo que haces*, enfócate en las soluciones que proporcionas. Tus clientes quieren oír hablar de beneficios y resultados, no de metodologías. ¿Ves la diferencia? Las ventas perdidas se deben a que no se han expresado los «argumentos adecuados» en el momento preciso. El vendedor, en lugar de centrarse en las razones del cliente para comprar, se centró en las suyas para vender.

A pesar de que utilizo las palabras «producto» y «servicio», creo que son obsoletas (se les ha pasado el arroz). Son más precisas: «beneficio» y «solución», respectivamente. Detén tu lectura y piensa en esto. Tus clientes quieren que les ayudes a obtener un beneficio y/o resolver sus problemas. El resto es cháchara banal (bla, bla, bla...) y no les interesa.

~~Producto~~ = Beneficio
~~Servicio~~ = Solución

Tu cliente no quiere que le vendas, quiere comprarte. Respeta su voluntad y facilita su compra sin forzar la venta. El estado mental más elevado de un vendedor es de riqueza mental, desde el cual no «necesita» hacer la venta –aunque prefiere hacerla a no hacerla–. Si no necesita hacer la venta, el cliente potencial no detecta la desesperación por vender (el veneno de la venta). ¿Acaso comprarías aquello de lo que el vendedor trata de deshacerse desesperadamente? Claro que no, nadie quiere lo que el otro «no quiere».

A las personas no nos gusta que nos vendan, pero nos gusta comprar. Entonces, ¿por qué en lugar de crear una atmósfera de venta no creas una «atmósfera de compra»? Si tu cliente potencial intuye que quieres venderle, se pondrá a la defensiva –aun necesitando lo que vas a ofrecerle–. Pero si le invitas a comprar, dejando espacio a que sea él quien te compre, haréis negocios.

Relájate, haz a un lado la necesidad de vender, no te estorbes, y todo fluirá con naturalidad. Vender no es presionar, convencer o manipular a las personas para que te compren. La venta tiene que ver con escuchar a las personas y con conectar con sus necesidades. La buena venta se centra en la escucha, en preguntar, en el cliente. La mala venta se centra en hablar, dar consejos, en las necesidades del vendedor.

Sé listo y promociónate. ¿Cómo? Con el «Kit de Promoción del Emprendedor»:

- Define tu «lema». Escribe una frase de no más de diez palabras, algo que pueda recordarse fácilmente y que cree impacto. Incluso puedes contar con varios lemas para tus diferentes servicios o productos. Más adelante te daré algunos ejemplos.
- Incrementa tu visibilidad: *blogs*, medios, charlas, artículos… Si eres «invisible» no importará lo bueno que seas en lo tuyo, nadie te verá. Por ejemplo, tener la mejor web del mundo de poco sirve si no generas tráfico y visitantes. Y después conviertes sus visitas en acciones.
- Habla de lo que haces con todo el mundo que conozcas (y no conozcas). Habla, habla, habla… Te ayudará a ser más extrovertido y ofrecer tu propuesta sin complejos. Las ventas son un asunto de números: cuanto

más expliques tu «historia comercial», más personas te comprarán. En realidad, si estás tan orgulloso de tu negocio personal (como lo estás de tus hijos, cuyas fotos enseñas tan a menudo), ¿por qué no hablar de tu negocio personal con todo bicho viviente que se cruce en tu camino?

- Define tu «*speech elevator*» o tu *spot* promocional de 20 segundos. Redacta el guión de tu anuncio como si fueras a anunciarte en TV; como dispones de poco tiempo, deberás ser muy concreto y preciso en tu mensaje. Este ejercicio de síntesis te ayudará a entender mejor tu negocio personal. Más adelante te daré algunos ejemplos.

- Pide a tus clientes que hablen de ti a sus conocidos. El boca-oreja es la máquina de ventas más eficaz de la historia. Conviértelos en «evangelistas» de tu proyecto. Imagina que dispones de una red social de personas que hablan muy bien de lo que haces y te recomiendan a sus conocidos con un efecto cascada. A eso me refiero.

- Crea una imagen de experto en tu campo. La mejor forma que conozco de ser percibido como tal es escribir un libro, o varios. En realidad no es tan difícil escribirlo, de verdad, lo complejo es venderlo a una editorial y sobre todo al mercado. Por suerte, hoy día puedes autoeditarte por muy poco; y cuando hayas vendido los suficientes ejemplares, las editoriales ya se interesarán por ti. Si quieres empezar con artículos de opinión, adelante, es más rápido y sencillo.

- Redacta anuncios magnéticos. Busca en Internet a Joe Vitale y consigue su obra (en inglés) *Hipnotic Writting* y verás cómo las gasta el número uno del *marketing on line*. Le llaman el «Buda de Internet» y es autor de *Marketing Espiritual*. Ese hombre aplica la hipnosis a los mensajes comerciales y hace estallar de éxito los negocios que asesora.

¿Dónde está la publicidad en mis anteriores sugerencias para vender más? Respuesta: en ninguna parte. Como ves, no he mencionado la publicidad en ningún momento porque, salvo en sectores muy concretos, no justifica su coste. El *marketing* es más poderoso que la publicidad, y en la mayoría de los casos no supone un coste significativo.

Tal como te prometí, hablemos del «lema». Creo que merece un espacio propio en este libro. Vayamos al grano: un negocio necesita un lema que defina qué ofrece y el mayor beneficio para el cliente. Imagina que participas en mi seminario «De empleado a emprendedor» y que, en ese entorno de estímulo mutuo, te pido que escribas tu lema en el reverso de tu tarjeta de profesional. No hay mucho espacio, tendrás que ser conciso. En una cara de tu tarjeta tu nombre, en la otra tu lema. Genial. ¿Quieres compartirlo con el resto de asistentes?

- Los míos son: «*Coaching* para pensar en grande» y «Jugamos un juego más grande».
- El de iPod de Apple es: «1.000 canciones en tu bolsillo».
- El de Domino´s Pizza es: «Pizza caliente en tu casa en 30 minutos».
- El de Eckhart Tolle es: «El mundo puede cambiar sólo desde dentro».

- El de Coca-Cola es: «La chispa de la vida».
- El de MRW es: «Generando confianza».
- El de Starbucks es: «Una recompensa para cada momento del día».
- El de Hay House –de Louise Hay– es: «Mira al interior».
- El de Volvo es: «La seguridad es lo primero».
- El del FC Barcelona es: «*Barça, més que un club*».
- El de L´Oréal es: «Porque tú lo vales».

Ya lo ves, propuestas con gancho. Cortas, brillantes. Directas a tu hemisferio cerebral derecho (el ámbito de las emociones). Como soy escritor, amo las palabras y las frases concisas –contundentes– que sintetizan a la perfección una idea poderosa.

Una vez tengas claro tu lema, o eslogan comercial, debe aparecer en todas tus comunicaciones. Es tu rompehielos en la venta y tu sello de identidad en el mercado. ¿Te cuesta escribirlo? Ten presente lo siguiente: «Si no puede describir qué es lo que le hace diferente y excelente en veinticinco palabras o menos, no arregle el escrito. Arregle su empresa», (Harry Beckwith en su libro Enamore a sus clientes, Empresa Activa). Ya lo has oído.

El otro punto que tenemos pendiente por aclarar ¿qué demonios es el «*elevator speach*» (discurso de ascensor)? Respuesta: imagina que debes presentarte en un ascensor a una persona y sólo dispones del tiempo que os toma subir o bajar unos pocos pisos… deberás sintetizar y concretar en unos segundos «quién eres, a qué te dedicas y en qué puedes servirle». Es una forma de hablar porque, en realidad, donde utilizarás tu «discurso de ascensor» es en una presentación profesional, en un acto social…

Mi ejemplo de «discurso del ascensor» (lo estabas esperando, ¿verdad?):

«¿Sabes cómo se siente una persona que no consigue realizar el gran sueño de su vida? Imagino que sabes a qué me refiero. A lo que yo me dedico, en mi cursos, es a apoyar los sueños de las personas que quieren dar significado a sus vidas.»

En mi seminario «De empleado a emprendedor», cada participante elabora su «*elevator speach*», los compartimos en grupo, ellos se inspiran mutuamente, y pronto compruebo cómo sube el entusiasmo y la energía en la sala.

42

Anuncios magnéticos que venden

Si vas a anunciarte, lo que sigue puede ayudarte a hacerlo de forma efectiva. He visto tirar montones de dinero en anuncios debido a malos planteamientos o simplemente porque no siempre funcionan ni son útiles para todas las actividades. Tengo algunas pautas para ofrecerte a la hora de anunciarte. Ajústate el cinturón de seguridad que despegamos, vas a aprender a crear influencia en tu mercado.

Supongamos que decides anunciarte. Tu anuncio ideal necesita un título y un subtítulo, ambos reflejan las mayores ventajas de tu propuesta. El cuerpo de tu mensaje debe contemplar el resto de beneficios que se derivan de tu oferta. Sé concreto y escueto. Ni en esta parte de tu anuncio, ni en ninguna, debes explicar qué haces o cómo lo haces: eso son las características, no las ventajas (que son lo único que le interesan a tu potencial cliente).

Recuerda, las características hablan a la cabeza, pero los beneficios le hablan al corazón. Una cosa es dirigirse al cerebro lógico y otra distinta al cerebro emocional. ¿Qué crees que vende más?

Por ejemplo, si vas a tu banco, ¿cuál de estos dos mensajes te interesa más?:

1. *Usted obtendrá el 7% anual garantizado, 70 euros por cada mil.*
2. *Usted invertirá en un depósito estructurado –en renta fija y renta variable– referenciado a la evolución promedio –durante 3 años– de una cesta de tres valores incluidos en el índice Nasdaq tecnológico, gozando de ventanas de salida anuales.*

Yo, por más que lo leo, aún estoy tratando de entender el segundo, así que me quedo con el primero, que le habla directamente a mi cartera.

Vayamos al pie del anuncio. Es el lugar ideal para invitar a la acción: inscribirse, llamar, comprar, hacer una reserva, pedir una entrevista, solicitar información adicional, acudir a una reunión… El anuncio siempre debe generar una acción e indicar cómo proceder.

Si quieres despertar interés en tu potencial cliente:

- Dile a la gente que tienes respuestas a sus preguntas y solución a sus problemas. Sé sincero en esto.
- Diles que tomen acciones concretas. No te limites a informarles, sino a motivarles a tomar decisiones y actuar. Indícales cuál es el siguiente paso.
- Muestra los beneficios y las ventajas de tu oferta con una lista.
- Dirígete a su hemisferio cerebral derecho (emocional, intuitivo, sensitivo). Las decisiones se toman desde las emociones, no por razones lógicas.
- Usa metáforas (explicar algo en referencia a otra cosa) para que entiendan, usa símiles (comparar dos ideas) para ilustrar mejor tu mensaje, y usa testimonios (de personas notables) para reforzar tu mensaje. Metáfora, símil, testimonio.

- Destaca la utilidad y sencillez de tu propuesta. Simplifica la vida de los demás.
- Redacta tus mensajes en lenguaje coloquial, como si escribieras una carta a otra persona.
- Expresa tu pasión y convencimiento por lo que haces. Nada convence más que el entusiasmo.
- Transmite autoridad –como experto en tu campo– basada en tu propia experiencia. Tu testimonio comunicará mucho más de lo que tú puedas decir.

Tu anuncio perfecto va dirigido a tu cliente ideal, capta su atención y su interés, proporciona valor, establece credibilidad, te diferencia de la competencia, se centra en los beneficios para el cliente, y termina con una llamada a la acción.

43
La opción del Marketing Multinivel

Las compañías de Marketing Multinivel (MLM, Multi Level Marketing) son una oportunidad para empezar tu propio negocio, trabajando en red, con apoyo y formación, y lo que es más importante, con un producto de calidad. Como ves, esta opción elimina muchos pasos en el proceso de crear un negocio porque nada más empezar estás casi listo para comenzar a distribuir. Es uno de los modelos de negocio de crecimiento más rápido. Un modelo tan revolucionario como lo fue en su día el de la franquicia, hoy presente en todo el mundo.

¿Qué productos?: cosmética, comunicaciones, juguetes, ropa, complementos alimenticios, servicios financieros, *software*... unas 300 empresas, las hay mejores y peores, como en todo. Se estima que en Estados Unidos unos 15 millones de personas tienen ingresos multinivel, y en el resto del mundo unos 60 millones. Muchos *baby boomers*, que van a jubilarse en los próximos años, han desarrollado ya su negocio multinivel para complementar su pensión de retiro.

Infinidad de productos ya se distribuyen desde el MLM, pero yo percibo ventajas en los productos consistentes en complementos nutricionales porque son del interés de casi todo el mundo, se consumen a diario, tienen un precio asequible para todos los bolsillos y el cliente comprueba los beneficios de primera mano. Encontrarás un buen ejemplo de esta clase de productos en la web: www.iluminatufuturo.com

El trabajo consiste en hablar (en parte, recomendar) de un producto en el que crees ciegamente porque lo has probado y te funciona. Te gusta tanto que no puedes dejar de hablar de sus ventajas con todo el mundo. Sabemos que el entusiasmo de un cliente transmite más que cualquier anuncio de la empresa. Basta con decirle a las personas que conoces cómo ese producto cambió tu vida en algún aspecto. Si la persona que recibe el comentario decide probar, sólo tiene que hacer su pedido por teléfono y la compañía le manda el producto (y comisiona a la persona que lo recomendó). Sin papeles, sin *stocks*, sin manipular productos ni dinero. El siguiente paso es crear una red de subdistribuidores que hagan sus propias ventas –y por las que el distribuidor que los patrocina también recibe una comisión de la empresa.

Como hay muchas opciones MLM, para decidirte por una u otra opción, antes ten en cuenta:

1. La calidad del producto.
2. El prestigio de la empresa.
3. La frecuencia de uso del producto.
4. El plan de compensación.

El Marketing Multinivel es una forma de hacer negocios poco conocida porque no es visible: no precisa locales, ni publicidad, ni almacenes, ni financiación, ni empleados. Pero lo más importante es que genera ingresos pasivos.

Ya sabes que un ingreso pasivo es aquel que ingresas repetidamente mañana, y cada día, por algo que puntualmente hiciste ayer.

Los ingresos pasivos o residuales te hacen libre. Son el ingreso de los ricos.

A pesar de estas ventajas, pocos ven la oportunidad porque las personas sólo ven aquello que están preparadas para ver. Existen muchos prejuicios hacia las compañías de Marketing Multinivel y, por desconocimiento, se las relaciona con esquemas piramidales. Absurdo temor producto de la ignorancia. El Código de Comercio español prevé el marketing multinivel y lo regula igual que regula una sociedad anónima o una fundación, por ejemplo. En España se le aplica la Ley de Ordenación del comercio minorista 7/1996, donde el artículo 22 ordena el Marketing Multinivel.

Una red es mucho más poderosa que un individuo. Y el Marketing Multinivel proporciona apalancamiento gracias a la red de contactos. Las culturas individualistas, como la latina, no aprecian el poder de apalancamiento de la red; lo contrario de la mentalidad anglosajona. Cuantos más participantes hay en una red, mayor es su valor. La Ley de Metcalf lo sintetiza: «El valor económico de una red crece de manera exponencial, no aritmética». El poder de la red se basa en el «marketing viral»: recomiendas el producto a otro, quien a su vez lo da a conocer a alguien más, quien a su vez lo refiere a un tercero… Un ejemplo, las redes sociales como Facebook aumentan su utilidad y valor cuantos más participantes tenga. Otro ejemplo, una franquicia aumenta su poder al crecer el número de franquiciados en el mercado.

Imagino que ya sabes que el boca-oreja es la mejor técnica de marketing de la historia. Marketing de viva voz. Puede que algún día tengamos algo mejor, pero aún no se ha inventado. El MLM utiliza esa enorme palanca como estrategia de distribución. Y la mejor manera de aumentar las recomendaciones que un negocio recibe es muy sencilla: pedirlas. No esperarlo, no rezar para que lo hagan, sino pedirlo expresamente: «¿Serías tan amable de recomendarme a tus conocidos?» Ya está dicho, así de rápido, no es tan difícil, ¿verdad?; si no se lo pides, ¿cómo van a saber que quieres ser recomendado? No pueden leer tu pensamiento, no son adivinos, ayúdales a ayudarte. Díselo a las claras: «Deseo atender a más clientes tan bien como te atendí a ti». Este hábito duplica tu tasa de recomendaciones: duplica tus oportunidades de ser útil y duplica tus ingresos. El dicho bíblico: «Pide y se te dará» debería figurar en el primer capítulo de cualquier manual de ventas. Un ejemplo del poder de la recomendación: la presentadora televisiva Oprah Winfrey empezó un programa (*The Oprah book club*) en el que escoge un libro, lo lee, se enamora de él y después lo comenta y recomienda en antena. Pues bien, de los 46 libros que presentó en su primera temporada, todos –¡todos!– fueron *best sellers*. Así de potente es el poder de la recomendación.

El Marketing Multinivel tiene muchas ventajas: ninguna inversión o mínima, sin endeudamiento, no requiere instalaciones ni *stocks*, sin empleados, sin manipulación del producto, sin impagados, horario flexible, y proporciona flujos de caja pasivos de forma indefinida. Es además una escuela de negocios inmejorable. Te enseña a promocionar, a vender, a comunicarte, a trabajar en equipo, a pensar como un empresario, a colaborar en lugar de competir. Sin arriesgar dinero, te ofrece la posibilidad de crear una red de distribución propia. Y siempre puede ser el principio de otros negocios.

Los únicos inconvenientes que le encuentro es que ni el producto ni la empresa te pertenecen. Y que un 90 % de las personas que empiezan un negocio de MLM abandonan debido a su falta de implicación, de persistencia y de disciplina, como ocurre con todo en la vida. Debido a que no tiene un costo de entrada, la salida es también sencilla. Fácil entrar, fácil salir. Y a la mínima dificultad, (se) abandonan.

La conclusión es que el Marketing Multinivel es una forma de trabajar inteligentemente en lugar de hacerlo duramente. Por una razón sencilla: el poder del apalancamiento es la suma de esfuerzos de una red en la que todos ganan.

44

«YO», marca registrada

Déjame recordarte que tu negocio personal necesita una identidad propia para sobrevivir en tu mercado. Es lo que se conoce por «posicionarse». Y si tú no sabes con certeza cuál es tu posición en el mercado, entonces nadie lo sabrá. De modo que, remángate, vas a reinventar tu marca personal. Necesitas reinventarte cada cierto tiempo, eres como un proyecto en progreso porque el talento siempre está en construcción.

Tu marca personal (la tuya) es más que tu nombre o más que tu forma jurídica, es el ADN de tu proyecto. Todas tus decisiones deberían contribuir a construirla y a hacerla memorable en tu mercado. Si no la tienes, ocurrirá lo peor que puede sucederte: ¡nadie te verá!

Sea cual sea tu talento, conviértelo en una propuesta genial. Te hablo de ser genial –brillante– en lo tuyo. Recuerda estas cinco palabras:

Sé-genial-en-lo-tuyo.

La marca personal te diferencia y es la síntesis de tus talentos. Así que no importa si tienes una empresa o eres un profesional independiente, funcionario, autónomo, político, deportista, artista o creativo… tu marca personal es uno de tus activos más importantes.

Cuando haces una presentación, o una reunión de venta, en realidad estás «vendiéndote» a ti, y solamente cuando has conseguido credibilidad, podrás cerrar la venta del producto o servicio que ofreces. Algunos malos vendedores se saltan este paso tratando de cerrar cuanto antes su pedido y lo malogran. Nadie te comprará a menos que confíe en ti y te considere la persona adecuada para hacer un trato. Por esa razón tu primera venta consiste en «venderte» como profesional.

Pero:

¿Se puede llegar a ser genial en aquello que no apasiona?
¿Conceden medallas por hacer algo con desgana?
¿Conoces algún millonario que deteste lo que hace?

Respuestas: no, no y definitivamente no. La condición número uno para el éxito es: apasiónate en lo que haces y, entonces y sólo entonces, el mundo se apasionará por ti. Y el dinero llegará. Siempre en este orden. No lo digo yo, se lo dijo el multimillonario Malcolm Forbes a su hijo: «No vayas a "trabajar" un solo día, haz algo que realmente te guste hacer y entonces serás el más rico de los hombres». Eso es educación financiera, claro que contaba con ventaja. El eco es una maravillosa metáfora que nos enseña que lo que emitimos vuelve a nosotros. Con la pasión pasa lo mismo, no podemos esperarla sin ofrecerla antes.

La pasión es el viento que hincha las velas de cualquier buen negocio.

«Lo hizo de todo corazón, y prosperó» (La Biblia, Crónicas II).

Tu corazón te dirá cuál es tu ocupación ideal. Es tu brújula, síguelo. Anota en un cuaderno tu «declaración de amor» por lo que quiera que sea. Sé sincero en esto, no te mientas ni trates de ser correcto ni de agradar a nadie, se trata de tu vida, y lo que hagas con ella, te guste o te disguste, será cien por cien para ti.

Demasiadas personas han «dimitido interiormente»; es decir, siguen en ocupaciones que dejaron de interesarles hace tiempo pero continúan por mantener un ingreso. Se limitan a cumplir, hacen el mínimo para que no les echen, y en correspondencia ¡cobran lo justo para que no se vayan! La apatía es un paso atrás para toda la especie. Estas actitudes son la ruina económica para ellas y la ruina moral para el mundo. Porque ninguna sociedad avanza con el desinterés. La desgana malogra el trabajo y la contribución que podría hacerse. Una empresa puede evolucionar al éxito o al fracaso por el pensamiento colectivo de todos los que la forman. Y por otra parte, se estafan a sí mismos la felicidad, la satisfacción, la pasión; y finalmente, acaban perdiendo su empleo porque pronto surge alguien que desea desempeñarlo con verdadero compromiso.

Lo anterior no es teoría, a mí me pasó, y está ocurriendo ahora en buena parte del mundo.

45

Promociónate con chispa

Pregunta: ¿A qué te dedicas?

La respuesta equivocada es mencionar una profesión genérica: *abogado, empresario, autónomo, logopeda, transportista, profesor, dentista, consultor...* (lo que sea). Me marea pensarlo. Aunque es peor responder citando los estudios: *licenciado en Biología, graduado en Óptica, mecánico de primera, máster en Administración de Empresas...* Hasta donde yo sé, ¡nadie es una profesión, ni un título académico! Somos personas, profesionales con una formación y una profesión, de acuerdo, pero no *somos* ninguna de ambas.

Entonces ¿cómo presentarnos? Mejor mencionar los problemas que resuelves (tal vez la persona que tienes delante pueda necesitar tu ayuda, o quizás un conocido o un familiar). Crearás un mayor impacto en tu interlocutor si sigues esta recomendación antes que darle respuestas trilladas que aburren hasta a los muertos.

En marketing es pecado mortal no diferenciar tu oferta. ¿Qué tiene de diferente ser ingeniero? ¿y músico? Nada de nada, si no dejas claro en que eres único. Esas respuestas genéricas definitivamente no venden. Despiertan un lacónico «Ahhh...» en la otra persona y a otra cosa. Me juego un euro a que la persona que acaba de conocerte pensará: «Uno más». Y lo olvidará, te olvidará para siempre. Horroroso. ¿Puedes permitirte perder una ocasión de promoción? Yo creo que no. Para Jack Trout, experto en *management*, «si no eres diferente, más vale que tengas un precio muy, pero muy bajo». Algunos emprendedores creen que su servicio o producto no se puede diferenciar, y no es cierto. Aunque sea idéntico a lo que ofrecen otros, el contexto, el «envoltorio», puede cambiar radicalmente. Por ejemplo, no sabe lo mismo un té del mismo proveedor servido en la cafetería de un aeropuerto que en un *lounge* con atmósfera zen.

Crea una conexión emocional con tu cliente. El objetivo del comprador no es la compra en sí misma, sino el estado emocional. No estoy seguro de que Apple venda ordenadores, quizás vende la experiencia de usarlos. Hay emociones y diseño en juego, caray. ¿Aún no se ha dado cuenta su competencia, empeñada en fabricar PC mediocres y horrorosos (cajas oscuras y feas)?

En 1960, Rosser Reeves, publicista, acuñó el concepto: «Propuesta Única de Venta» (su acrónimo: P.U.V.), que consiste en un breve pero potente mensaje promocional que incluye:

- La identificación de tu mercado y cliente objetivo. (Haz una lista de las características de tu cliente ideal.)
- La definición del problema más importante que resuelves a tus clientes. (Haz una lista de los principales problemas que resuelves a tus clientes.)
- Los principales beneficios que consiguen tus clientes. (Haz una lista de los principales beneficios que ofreces a tus clientes.)

- El irresistible deseo en tu potencial cliente por saber más. (Haz una lista de preguntas frecuentes y sus respuestas.)

Y todo en un párrafo. ¡Guau! Habrá que sacar punta al lápiz… y resumir en qué es diferente tu propuesta.

Te pondré un ejemplo, el mío:

«¿Sabes cómo le va a una persona que se siente limitada y bloqueada? Mi compromiso es disolver sus resistencias interiores, enseñándole –como autor reconocido en mi campo– a pensar en grande y ayudándole a sacar la grandeza que hay en ella».

Ahora te toca a ti. Toma papel y lápiz y escribe tu P.U.V. (en el dorso de tu tarjeta).

Deja que te ayude a hacerlo con este esquema de resumen:

P	Promesa	Incluye una promesa que apele al estado emocional de las personas.
U	Única	Explica qué te diferencia del resto, algo que sólo tú puedes proporcionar.
V	Venta	Añade el principal beneficio que obtendrá tu cliente al hacer tratos contigo.

Cuando tengas clara tu P.U.V., úsala siempre que puedas en tus conversaciones, con todo aquel que se cruce en tu camino. Recuerda que conoces un potencial cliente cada día (y de antemano nunca sabes quién es). Es como jugar a la «gallinita ciega», a tu alrededor ¡ya están las personas que podrían ser tus clientes!; pero para descubrir quiénes son, deberás despertar su interés con una propuesta genial.

Es un juego, es divertido.

¿Lo tienes?, ¿lo has cogido? Bien, pues vamos a darle media vuelta más a la tuerca. La P.U.V. está bien, pero la P.H.V. está mejor. ¿Que qué es? Es la «Propuesta Holística de Ventas» (P.H.V.), que va más allá de la utilidad del producto o servicio y se amplía al contexto con el que se presenta al cliente. Por ejemplo: *el compromiso social, la política de garantía, el embalaje, la ética corporativa, la papelería, la decoración, el lenguaje que utiliza el negocio...*

El juego crece y se hace mayor, y sigue siendo divertido.

Un ejemplo de la importancia del contexto y el «envoltorio» de tu producto. Hace dos años, Joshua Bell, un virtuoso violinista llevó a cabo un experimento en el metro de Washington. Con su instrumento, un valioso Stradivarius de 1713, interpretó clásicos durante 43 minutos. Hay que decir que para escucharle en un auditorio es preciso pagar un mínimo de 100 dólares. Pues bien, desfilaron ante él 1.070 personas y sólo 27 le dieron unas monedas, la mayoría sin pararse a escuchar al músico prodigio. En total, ingresó 32 dólares en todo ese tiempo. Y sólo una persona se detuvo seis minutos a escucharle, un amante del rock. ¿Quién dice ahora que el contexto no importa? El mismo músico, el mismo violín, la misma pieza, la misma virtuosidad… pero no se valora lo mismo en el Boston Symphony Hall que en el metro.

El «envoltorio» de tu producto o servicio cuenta tanto como el propio producto o servicio. A veces más.

46

Si te dedicas a los negocios, necesitas Internet

Internet es la oportunidad más grande con la que cuenta el emprendedor. Creo que el poder de la Red hasta la fecha no ha hecho más que calentar motores, y pienso que lo importante aún está por venir. ¿Por qué es tan poderoso? Porque plantea un cambio radical en la distribución: la desintermediación, es decir, elimina distribuidores intermedios. Posibilita la relación persona a persona. Y algo más: pone al alcance del pequeño las mismas herramientas que usan los grandes. Por esa razón el emprendedor puede ahora hacer su oferta en igualdad de condiciones con una gran multinacional. ¿No es una revolución?

Todos los negocios (ninguno puede prescindir de la ventaja de la Red) deberían tener presencia en Internet. Si el tuyo aún no la tiene, en este mismo momento estás perdiendo dinero. Sé *digital* y generarás *e-dinero* (el ingreso de los *e-ricos* en la era del *e-negocio*). Algunos dicen que «los negocios puntocom» están acabados. Nada más lejos de la realidad. En Internet todo está por empezar y lo visto hasta la fecha son lógicos titubeos en el inicio.

Nunca como ahora tuvimos tantas y tan grandes oportunidades para empezar un negocio personal con tanta repercusión como bajo coste de entrada. Otras personas dicen que todo ya está inventado en Internet, pero tampoco es cierto; de hecho, si vas a establecerte por tu cuanta no necesitas inventar nada, vale con mejorar algo y dotarlo de una mayor utilidad. Muchos productos de éxito son una simple mejora de productos existentes o adaptados a las nuevas tecnologías.

Si vives en una pequeña ciudad, no te preocupes, hoy puedes hacer negocios a través de la Red y acceder a mercados globales. Dispones además de logística para enviar tu producto a cualquier parte y para recibir los pagos de un modo seguro. Hoy la tecnología hace semejantes a las empresas pequeñas, o unipersonales, y a las grandes empresas. Los medios que usan ambas son los mismos y compiten a un mismo nivel de precios.

La tecnología ha expulsado al capital del capitalismo, o ¿deberíamos llamarlo «tecnologismo» a partir de ahora?

Con Internet cualquiera tiene la oportunidad de crear su propio negocio personal. Existen muchas razones para operar en Internet, con oportunidades sin precedentes para:

- alcanzar el mercado global.
- empezar con muy poco capital, con «dinero de bolsillo».
- contactar con clientes potenciales en base 24/7/365.
- crear negocios desde tu casa y trabajar remotamente sin precisar de una oficina.
- probar una idea y comprobar de inmediato la respuesta sin coste.
- actualizar tu oferta inmediatamente y sin coste.
- alquilar sofisticado *software* de venta, cobro, y promoción por muy poco dinero.

- distribuir (por descarga) productos digitales («infopro-ductos») sin coste de envío ni necesidad de mantener un *stock*.

En esto tengo una tesis: en los negocios *on line* manda la «ley de los grandes números», que garantiza una gran cifra si multiplicas un pequeño beneficio por un gran número de clientes. Un euro de beneficio por cien mil clientes, igual a cien mil euros de beneficio. Es la misma ley que aplica la banca: márgenes muy reducidos a muchos clientes.

Probablemente te preguntes qué puedes ofrecer. Por mi experiencia, te diré que lo principal es trabajar en algo que ames, un proyecto en el que creas, que desarro-lle tus capacidades y que ofrezca utilidad. Si aún dudas, te recuerdo que tú «eres el mayor experto que hay en el mundo en ti mismo», pregúntale a tu corazón qué ama y escucha su respuesta. Ésa es «tu idea de negocio de los cien mil euros».

Si no desarrollas un producto o servicio propio, siem-pre puedes ofrecer el de otros bajo acuerdos de afiliación a programas de revendedores (*affiliate programs*, busca este concepto en Internet). Muchas empresas tienen un programa propio de afiliados con un plan definido de comisiones para colaboradores. Están esperando gente como tú que quiera ganar dinero. La gran ventaja es que cuentas con un producto probado y de prestigio.

Como ves, las opciones para diversificar tus ingresos crecen; y sin embargo, el coste de abrir un nuevo negocio personal decrece; por esa razón quiero compartir con-tigo la buena noticia de que Internet ha minimizado el riesgo económico de empezar un negocio personal.

47

Construye una web que venda

Cuando hayas leído este capítulo, descubrirás el Código de los «e-ricos».

Empezaré por decirte que para estar en los negocios necesitas una web enfocada a la creación de valor. Después de visitar tu web, los visitantes deben desear hacer algo y tú deberás proponerle qué. He escrito este libro para decirte que no es la complejidad sino la efectividad lo que hará que tu web sea ganadora.

Las webs actuales encarnan la prehistoria de lo que se avecina. Ahora las webs son tontas, planas, unidimensionales, están congeladas: no interactúan con el visitante, ignoran sus gustos, no le reconocen, le ofrecen siempre la misma carátula, no son proactivas, ni negocian, ni cierran la venta, ni hacen seguimiento... Esto cambiará y mucho.

Lo que podemos hacer por el momento es ensayar con nuestras rudimentarias webs actuales (de juguete) y calentar los motores para cuando dispongamos de «webs inteligentes». Dispondremos de un persuasivo vendedor virtual en la web, un fuera de serie, el mejor de los mejores (por ningún sueldo).

Crea una web que venda. Tu web no debe conseguir el premio al diseño de webs, tampoco limitarse a convertirse en un folleto colgado en la Red. No es un anuncio digital, debe ser mucho más. Proporciona motivos para que tu público potencial visite tu web (ofrece información de valor, recursos útiles, *links* interesantes, un regalo, ofertas…). Y una vez allí, motívales para que añadan tu dirección en su lista de favoritos y se apunten a tus boletines.

¿Cuáles son los tres principales objetivos de tu web?:

1. **Proporcionarte Visibilidad y Accesibilidad**. Hazte ver, mejor aún: haz que te encuentren. En el comercio de ladrillo, la clave es la localización. En el comercio *on line*, la clave es el tráfico. Una web sin tráfico es como un anuncio en el lado oculto de la luna. Tu trabajo es proporcionarle tráfico de visitas a tu web, y el de tu web consiste en convertir a los visitantes en clientes, en los fans de tu producto o servicio. Para que todo esto ocurra, el visitante que aterriza en tu web debe sentir que ha encontrado su Sangri-La y que, a través de la pantalla de su ordenador, accede a una mina de oro.

2. **Proporcionarte Credibilidad y Autoridad**. Posiciónate como una referencia en tu mercado, como un experto. La percepción de tu mercado lo es todo. Ahora bien, todos hemos visitado webs con un exceso de diversificación de oferta que pierden credibilidad por su dispersión. Es mucho mejor concentrar tu «propuesta única de venta» (P.U.V.) en un campo bien definido; y si deseas diversificar, entonces crea webs distintas. Por ejemplo, yo mismo poseo tres webs con contenidos diferenciados: www.raimonsamso.com , www.elcodigodeldinero.com; y http://areainterior.coachinginteractive.com.

3. **Proporcionarte Accesibilidad e Interacción**. Cada página de tu web debe contener al menos una llamada a la acción. Haz una propuesta de acción que motive a tus visitantes a hacer algo: llamarte, escribirte, apuntarse a tu *newsletter*, comprar *on line*, recomendar tu sitio, venir a verte, crear el deseo de saber más… En fin, a actuar.

De pequeños, todos hemos jugado alguna vez a las tiendas, era emocionante, ¿verdad? Hoy cualquiera puede tener su propia tienda *on line*. Al principio, las personas desconfiaban de los cajeros automáticos y preferían entrar a la sucursal bancaria. Hoy resulta ridículo desconfiar de un cajero. Con las compras *on line* ocurrirá lo mismo, aún hay reticencias pero con el tiempo las compras en Internet serán el grueso del comercio. Por esa razón creo que todo negocio debería tener lista su tienda *on line*.

Posdata: Espero que te hayas convencido de que carecer de una web es un error (sea cual sea tu negocio personal). Y convierte tu web en una máquina de ingresos pasivos 24 horas/365 días al año. Es lo mismo que decirte que conviertas tu ordenador en un cajero automático.

48

Tus proveedores
de servicios *on line*

Uno de los secretos del éxito en Internet es contar con buenos proveedores de servicios *on line* (P.S.O.L.) Empresas que te abren la puerta del mercado global y te permiten sistematizar tu negocio. Puedes contratar programas, servicios, espacio en memoria…, lo que necesites, por una reducida cuota mensual. Un ejemplo son las empresas que proveen dominios y *hosting*. Hace unos años registrar un dominio costaba 50 euros al año, hoy está en los 10 euros anuales y además ofrecen un paquete de utilidades complementarias a ese servicio.

Las compañías P.S.O.L. se encargan de dotar de tecnología a tu proyecto. Tú eres emprendedor y no tienes que ser un experto en informática ni tienes que comprar todas las aplicaciones que usas. Grita: ¡No soy ingeniero, soy emprendedor! En lugar de crear o comprar esa tecnología puedes alquilarla por módicas cuotas. ¿No es mucho mejor invertir en tu negocio que invertir continuamente en tecnología?

Las empresas P.S.O.L. te facilitarán el software diseñado para emprendedores que desean llevar su negocio personal desde casa, micro negocios, o para despachos de profesionales. Puedes usar la misma tecnología que usan los grandes. Y lo mejor de todo esto es que la oferta en estos servicios no hace más que crecer; y por tanto, bajar sus precios. Ha llegado la revolución de la externalización (*outsourcing*). Es como tener subcontratado el departamento de informática a muy bajo coste.

Si no deseas encargar tu web a un *webmaster* profesional puedes crear tú mismo tu web a través de un P.S.O.L. que por una pequeña cuota mensual o anual te proporciona tu web (sin que necesites tener conocimientos de programación) usando sus plantillas predefinidas y un espacio de memoria en su servidor para que cuelgues tu web. Es una opción barata y rápida que te permite testar un negocio *on line*. Si más adelante deseas profesionalizar tu web siempre podrás encargar una a medida aunque a un coste superior.

Axioma: aquellos profesionales que sean capaces de sacar partido de las nuevas tecnologías no tendrán nada que temer en la nueva economía global; pero antes tendrán que asimilar el vertiginoso cambio tecnológico. El resto, pasarán a la historia.

¡Súbete al cambio tecnológico o serás arrollado por él!

49
Tu marketing irresistible en Internet

Todos hemos oído esa palabra «marketing»: conjunto de acciones que atraen clientes a tu negocio.

Yo considero que es más interesante el marketing que la publicidad. El primero es activo (creatividad en acción), el segundo es pasivo (pagar un anuncio y esperar resultados). Además, la publicidad es cara y no siempre cubre su coste. Si un emprendedor cree que el marketing es para las grandes empresas, pero no para un negocio personal, auguro que seguirá siéndolo durante mucho tiempo, eso con suerte.

En marketing hay cuatro áreas básicas (las cuatro «pes»): *producto, posicionamiento, precio y promoción*. De acuerdo, está muy trillado, pero sigue funcionando. Haz una sentada con tu equipo para definir cada una de estas áreas. Si descuidas alguna puede que el resto de esfuerzos sean estériles.

Tu sistema de ingresos múltiples debería contemplar la opción del *e-dinero* (ingresos *on line*). Para ello será necesaria la presencia en Internet y el marketing *on line*. Como verás en la siguiente tabla, el marketing en la Red tiene grandes ventajas respecto al convencional:

Marketing convencional	Marketing on line
Coste de entrada alto	Coste de entrada bajo
Grandes barreras de entrada	Ninguna barrera de entrada
Alto coste en *mailing*	Ningún coste en *mailing*
Entrega correo demorada	Entrega correo instantánea
Local, regional, nacional	Internacional
Desde despacho	Desde cualquier parte
En horas comerciales	24 horas / 365 días
Anuncios puntuales	Anuncios permanentes
Elevada inversión de dinero	Poco o ningún dinero

El experto de *marketing* Jay Abraham estableció tres estrategias para hacer estallar de éxito tu negocio personal:

1. Incrementar el número de clientes.
2. Incrementar el volumen de sus compras.
3. Incrementar la frecuencia de sus compras.

Más clientes, más compras, más a menudo. ¿Lo recordarás? Es la «ley del incremento»: *más clientes que compren más y con más frecuencia*. ¿Cómo conseguirlo?:

- Para tener más clientes: pide referencias.
- Para aumentar el volumen de compras: haz venta cruzada de productos y servicios.
- Para aumentar la frecuencia: comunícate regularmente.

¿Simple? Sí.

¿Fácil? No.

Resulta más fácil decirlo que hacerlo, lo sé. Pero ¿de verdad importa?

Como me imagino que tu presupuesto para iniciar tu propio negocio no es muy alto, te propongo «marketing de bajo coste». Conozco varias estrategias para mejorar el modo de darte a conocer a tus clientes potenciales. Cuando termines de leer este capítulo, tendrás más herramientas para la venta que muchos profesionales que se dedican a ella. Las técnicas probadas que siguen a continuación me han dado muy buenos resultados.

Por favor, toma nota:

Blogs, webs, newsletters. Tres modos de comunicarte con tu audiencia. El más sencillo, rápido y económico es abrir un *blog* temático. Una web es tu «campo base» en la red, y tu *newsletter*, tu noticiario digital. Deberías poner todos esos recursos a trabajar para tu negocio personal.

Artículos de opinión. Estés en el negocio que estés, construye una imagen de experto. El modo más sencillo es divulgar opinión a través de diversos medios de comunicación. Tal vez el más asequible sean las infinitas publicaciones *on line* y *off line* que existen. Firma siempre tus escritos con la dirección de tu web.

Folletos y tarjetas. Sé profesional en esto. Nada peor que una mala impresión derivada de editar material promocional de segunda categoría. ¿Sabes qué pensará tu potencial cliente?: «Si creyera más en su proyecto, invertiría en él». Sé impecable en tu imagen, es la mitad de tu negocio personal. Otra cosa, no deja de sorprenderme encontrar personas que se supone están en los negocios y no tienen una tarjeta de visita que entregarme. ¿Cómo pueden perder la oportunidad de comercializarse?

Conferencias. En los negocios, es imprescindible desarrollar la habilidad de dirigirse a audiencias más o menos numerosas para ofrecerles charlas, conferencias, coloquios, debates… Salir a vender es innegociable y sólo si sabes comunicar como un profesional, escucharán tu propuesta de venta. Nunca sabes quién te escucha en la sala, te aseguro por experiencia que surgen muchas oportunidades dando charlas.

Testimonios reales. Tus clientes satisfechos son tu mejor fuerza de ventas. Cuando recibas una felicitación de un cliente, pídele permiso a esa persona para utilizar su testimonio en tu web, conferencia, *blog*, folleto o donde precises. Las personas que no te conocen creerán más a tus clientes que lo que tú puedas decir de ti mismo.

Videopromoción. La comunicación cada vez es más visual. Los jóvenes de hoy prefieren ver a leer, es más visual, más directo, más ameno. Necesitarás editar pequeños vídeos de unos minutos para hacer tu promoción. Podrás colgarlos en tu web, o en tu *blog*, o mandarlos en tus *e-mails*, ahora convertidos, «*videomails*». También puedes crear un espacio propio con tus vídeos en You Tube o Vimeo, por ejemplo.

Network marketing. Nunca deberías comer sólo, aprovecha ese tiempo para reforzar relaciones y llamar a amigos o clientes con quien hace tiempo que no te ves. Las relaciones lo son todo en los negocios personales.

Base de datos. El activo más importante de tu negocio personal es tu base de datos (clientes y potenciales clientes). Debes hacerla crecer, protegerla legalmente y comunicarte periódicamente. Como se trata de tu clientela actual y potencial, merecen información de utilidad. Cuida de tu base y tu base cuidará de ti. El corazón de cualquier negocio es la base de datos de su clientela. Te recomiendo que empieces a crearla cuanto antes, que cumplas con los requisitos de protección de datos que marca la ley al respecto y que cuides de ese activo como tu mayor tesoro.

Newsletter a tu base de datos. El contacto regular con tu base de datos es de la máxima importancia. Cada *e-mail* que envías a tus clientes hace que te tengan presente, es un modo de mantener el vínculo y que no se enfríe. Soy de la opinión que para recibir hay que dar. Es importante ofrecer valor en tus comunicaciones a tu base de datos. Si aprecian tus *newsletters*, las reclamarán si no se las envías (a mí me pasa). Eso es buena señal, te indica que lo estás haciendo bien. Pero si recibes montones de peticiones de baja de tu *newsletter* hay algo que falla.

Campañas de anuncios «pay per click» en los buscadores. No soy partidario de la publicidad, pero de ésta sí lo soy. Los más populares son AdWords de Google y también Yahoo Advertising, que te ofrecen la posibilidad de destacar tu sitio web (enlaces patrocinados) en las primeras posiciones del buscador. A cambio, deberás pagar una pequeña cantidad, que estableces tú, por cada clic en tu enlace. Es una herramienta muy poderosa que, por un presupuesto mensual, que tú mismo fijas, te proporciona tráfico de visitas. Crea tus propios anuncios *on line* en el buscador más popular del mundo: Google. Cuando los usuarios busquen en Google una de las palabras clave que has elegido relacionadas con tu tema, tu anuncio aparecerá en de los resultados de la búsqueda. De este modo, te diriges al público interesado en tu tema. Los usuarios podrán hacer clic en tu anuncio para obtener más información. Sólo en ese caso, pago por clic, se te cargará una cantidad preestablecida por ti.

Intercambio de links entre páginas relacionadas. Intercambiar *links* con otras webs y *blogs* es un método efectivo de marketing por dos motivos: uno porque aumenta el tráfico de visitantes a las webs vinculadas y dos porque los buscadores, como Google, priman las webs con *links* a otras páginas de temas relacionados. Como ya sabes, aparecer en los primeros puestos de los buscadores es de extrema importancia, por ello te aconsejo que incluyas en tu web *links* interesantes. Se trata de una herramienta de marketing completamente gratuita.

Inclusión en los buscadores de Google y Yahoo. Una cosa es tener una dirección URL en Internet y otra diferente es que los buscadores más importantes conozcan su existencia y la tengan indexada en sus registros. Estar en sus registros, darse de alta, es importante para que los usuarios de los motores de búsqueda puedan encontrar tu página. Para ello debes dirigirte a la página de Google/Yahoo y dar de alta tu dirección URL, es gratuito. Puedes hacer esta gestión por tu cuenta o pedirle a tu *webmaster* que lo haga por ti (suele incluirse como servicio adicional cuando les encargas tu web). Nunca subestimes el público que puede llegar a tu web a través de los buscadores.

Yo uso todas las estrategias apuntadas arriba, y algunas más que exceden el alcance de esta obra, y te aseguro que funcionan.

Deberían enseñarnos, de pequeños, que éste no es un mundo de cosas sino de «ideas solidificadas». Que la realidad es una emanación de la mente. Y que todo lo que ocurre en el mundo material antes ha sido creado en la mente individual o colectiva. Con todo eso claro, seríamos más responsables de la autoría de nuestras circunstancias. «Si lo ves en tu mente lo verás en la realidad», pero si no puedes crearlo en tu mente no estará en ningún lugar. Sí, los pensamientos se convierten en cosas, y lo que crees sobre el dinero no escapa a esta regla.

El dinero es una idea, un concepto, así que deberás *crearlo* antes en la mente para verlo en la realidad. Y puesto que tienes la capacidad de crear pensamientos, puedes crear riqueza. Comprende que el dinero es el efecto de una causa y la causa siempre es tu mentalidad. Si te enfocas en los efectos (el dinero) pero no en la causa (la mentalidad), las cosas no van a cambiar. Y si lo hacen, serán cambios insustanciales y poco duraderos. Lo que trato de decirte es que para arreglar tu economía no necesitas dinero, sino una mentalidad diferente que se traducirá en dinero y mucho más.

Mi opinión sobre tener un empleo como única fuente de ingresos es bastante radical y no espero que todo el mundo esté de acuerdo con ella. Es un modelo que se está quedando desfasado y con dos grandes desventajas: un lugar de trabajo no es propiedad del empleado y un sueldo no puede hacer libre ni rico a nadie. Además, limitarse a una única fuente de ingresos es una temeridad. Depender de un sueldo es un riesgo del que deberíamos protegernos. Cuando alguien se emplea, está alquilando su intelecto por un sueldo; en cambio, un emprendedor pone su mente a trabajar para él, pues considera que es su ¡«caja de caudales»! Y los emprendedores no se permiten el lujo de alquilarla a otros, ¡la necesitan para ellos!

¿Alternativas a un empleo? El rol del agente libre, el profesional independiente, emprendedor, *freelance*… alguien que trabaja para sí mismo, eligiendo en qué proyectos y para qué clientes. Se mueve en cualquier sector de la economía en el que pueda realizar un servicio y proporcionar un producto para diferentes clientes. Como su negocio cuenta con una sola persona, él, no pretende atender a todo el mundo pero sí elige para quién desea trabajar. El crecimiento de su facturación no viene por buscar más clientes, o crecer por crecer, sino por seleccionar los mejores clientes y proyectos.

¿Libertad o seguridad? Es una pregunta que tarde o temprano deberemos responder. Lector, cuanto tomes tu elección, habrás tomado responsabilidad, y tanto en un caso como en el otro, ya no te verás como una víctima del sistema ni podrás quejarte de tu situación. Yo creo en la libertad financiera y no creo en la «seguridad» laboral. La primera es real y posible, la segunda una fantasía imposible. Pero la libertad es imposible desde la ignorancia (libertad y conocimiento son sinónimos). Es sencillo comprender que la carencia de la más elemental educación financiera es la causa de las penurias económicas. Y sin embargo, cada día, legiones de personas buscan inútilmente prosperar manteniéndose en la ignorancia financiera.

La ansiada libertad financiera es el resultado de poseer varias fuentes de ingresos, y algunas de esas fuentes deberán ser pasivas, ya que nadie puede trabajar en varios «trabajos» a la vez. Por eso nunca me cansaré de insistir en la importancia de generar varias fuentes de ingresos variables, algunas de ellas pasivas.

Aprender a gastar es fácil, pero a generar ingresos no lo es tanto. Vivir al día es lo corriente, y se olvida planificar las finanzas personales. Hoy nadie sabe si la Seguridad Social nos podrá garantizar una pensión o la cobertura médica. Es algo que se sabrá en su momento, pero este asunto me parece demasiado importante como para confiarlo al azar. Es una temeridad suponer que alguien resolverá nuestros problemas financieros personales. Prefiero ocuparme de mi economía ahora, antes que descubrir en el futuro que nadie lo hará por mí.

Además de la crisis, experimentamos otro fenómeno de fondo, estructural, y que ha llegado para quedarse: la globalización. Son dos fenómenos diferentes que ahora se solapan en el tiempo. La crisis es coyuntural, la globalización es estructural. Una pasará, la otra se quedará. Cuando pase la crisis nos daremos cuenta de que debemos afrontar un escenario económico mucho más complejo: la economía global, para el que pocos se están preparando.

Estamos en una nueva era con nuevas reglas, aunque la mayoría sigue comportándose igual, es decir: juega con las reglas de un juego, un mundo, que ya no existe. Mientras, los empleos de baja especialización emigran a Oriente, la clase media disminuye, los sueldos bajan, la capacidad de ahorro se evapora, el índice de pobreza aumenta, el endeudamiento familiar crece, aumentan las personas que trabajan después del retiro, y la pensión de jubilación está en el aire. ¿Es que nadie se da cuenta de que el juego del dinero ha cambiado?

En mi opinión, Europa ha vivido un paréntesis de 50 años dentro del siglo XX, una etapa excepcional que no nos garantiza el estado del bienestar en el futuro; entre otras cosas porque en el resto del mundo –a excepción de América del Norte y Japón– nunca ha existido tal cosa. Creo más bien que ahora salimos de una burbuja de bienestar. La etapa de crecimiento sostenido y bienestar garantizado que empezó en 1950 (el mayor *boom* económico en toda la historia) ha finalizado, nos guste o no. Ahora sabemos que este *boom* se financió con comportamientos consumistas insostenibles para el planeta. El año 2000 se considera como el punto de inflexión entre la vieja era industrial y la nueva era de la información. Las reglas del juego han cambiado. Las personas que juegan con las reglas viejas, pierden; quienes juegan con las nuevas reglas, ganan. El salvoconducto para la supervivencia tanto moral como material es: conocimiento y conciencia.

Muchos de los problemas financieros que afrontan hoy los adultos se podrían evitar con una buena formación financiera y ética de las que nos ha privado el obsoleto sistema educativo. Pero en la escuela se sigue sin enseñar a emprender ni a gestionar los asuntos de dinero. En el sistema educativo elemental y superior las calificaciones son la medida del éxito académico, pero en la vida real las calificaciones no sirven de nada. En consecuencia, el desaforado consumismo y el exagerado endeudamiento, tanto de estados como de particulares, es síntoma de ignorancia y de la irrealidad en la que se ha vivido durante décadas. Lo que ello revela es que somos expertos en gastar pero no en ingresar. Y este comportamiento tiene un final previsible: quiebra financiera.

Invertir es preferible que especular. El inversionista no especula, es decir, no compra con la intención de vender a un precio superior. Eso es especular, no invertir. Invertir es mantener un activo porque ofrece rendimientos periódicos en forma de renta (flujo de efectivo de caja). Lo que ocurre es que cuando un mal inversor no encuentra una buena inversión con un flujo de caja regular, apuesta en inversiones de ganancias de capital, es decir: invierte con la esperanza de que con el tiempo, y mucha suerte, su compra aumente de valor (el inversor hace números; el apostador reza).

Que la meta máxima de la juventud sea convertirse en funcionarios y no en emprendedores es preocupante y una señal de alarma. Lo que hacemos para ganarnos la vida importa y mucho, al margen de la cifra a final de mes. Nadie debería ganarse la vida en aquello que no ama o no tiene nada que ver con sus valores. La incoherencia entre lo que se *es* y lo que se hace constituye una de las fuentes más grandes de infelicidad humana. Ir cada día a un lugar que no le habla al corazón, limitándose a cumplir, sólo porque a fin de mes hay una paga «segura», deja mucho que desear y marca el principio del declive de las sociedades acomodaticias y autocomplacientes.

La lectura de este libro anima a manifestar al emprendedor que hay en cada uno de nosotros. A lo largo de sus páginas, encontrarás nueve testimonios reales de personas prósperas y con conciencia. Buenos referentes. Está comprobado que contar con buenos referentes de éxito lo es todo. Si identificas personas o negocios que admiras por algún motivo, aprenderás a modelar su éxito. Aprende de los que saben, no de los que no saben. Sigue su ejemplo como quien sigue un mapa de ruta. Disponer de referentes de calidad puede suponer un salto cuántico en tu proceso de convertirte en libre financieramente; y hará que te ahorres tiempo y errores.

El talento y la pasión por el servicio son el corazón de los negocios. Convierte tu talento en oportunidades. Identifica tu talento específico y conviértelo en un servicio o producto muy diferenciado. Pero, cuidado, con uno tal vez no baste. Personas muy talentosas en lo suyo, terminan arruinadas. ¿Por qué?, porque hoy más que nunca es preciso el modelo renacentista de saber un poco de todo y mucho de algo.

Elige con el corazón, sé «genial» en tu elección, sé rematadamente bueno en lo que hagas, sea lo que sea. Agita y sacude tu mercado con la creatividad y no pasarás desapercibido. En un mundo cambiante, baja el valor de la experiencia y sube el de la imaginación. Reinventa tu profesión hibridándola con otra. Los trabajos con futuro, y que no se exportarán a Oriente, serán profesiones híbridas, «mestizas», con sangre nueva. Ama la acción, ama servir, ama la creatividad, ama la venta… El dinero detesta lo repetitivo, la pasividad y el egoísmo; y ama el atrevimiento, la acción, el servicio y la velocidad.

El mayor problema de los negocios mediocres es que no venden lo suficiente. Las palabras «negocio» y «venta» van de la mano. Son inseparables. Sería extraño que un negocio prosperara sin promoción, marketing y venta. Así que si quieres prosperar en tu negocio personal, deberás aprender a promocionarlo (a menos que puedas permitirte contratar a alguien que lo haga por ti). Es decir, hacer las paces con la palabra «vender» y dejar de mantener una relación impropia con la venta. Quien desprecia la venta y reniega del espíritu comercial se cierra a la prosperidad.

Tu negocio personal va a necesitar una identidad propia para sobrevivir en tu mercado. Tu marca personal. Es lo que se conoce por «diferenciarse». Y si no sabes con certeza cuál es tu diferencia en el mercado, entonces nadie lo sabrá. De modo que, remángate, necesitas reinventarte cada cierto tiempo, eres como un proyecto en progreso, porque el talento siempre está en construcción. Conviértete en el Director General de tu vida.

Todos los negocios (en el que estás pensando también, ya que ninguno puede prescindir de la ventaja de la Red) deberían tener presencia activa en Internet, no sólo «anunciarse» en la Red. Si el tuyo aún no la tiene, da por hecho que en este mismo momento estás perdiendo dinero. Internet es la mayor oportunidad con la que ha contado jamás un emprendedor.

Y hagas lo que hagas, no cometas el error de crear un «empleo-negocio» que te exija cada vez más trabajo y tiempo, y acabe despojándote de calidad de vida. Si vas a ser emprendedor, que no sea para matarte a trabajar. Tener una profesión es una cosa y tener un negocio, otra. El ego en exceso controlador juega malas pasadas a quienes se creen imprescindibles en todo lo que hacen. En los primeros años de un negocio, se produce un efecto de mimetismo entre éste y su propietario. Parecen lo mismo, y de hecho ¡son lo mismo! al principio; pero no deberían serlo más allá de unos años. El negocio que sigue confundiéndose con su propietario no ha crecido ni evolucionado, vive una eterna infancia y pone en peligro su supervivencia. El remedio es: ¡sistema y apalancamiento!

Para terminar, quisiera pedirte que te acercaras a mí para poder susurrarte al oído el Código del Dinero: «*Crea tu propio sistema de ingresos múltiples, variables y pasivos que desarrolle tus talentos personales, que entregue un servicio masivo a un número masivo de personas, que te apasione y que se traduzca en un flujo de ingresos ilimitado*».

Nota final de Raimon

Tus finanzas no van a cambiar sólo por leer un libro. Pero si estudias el contenido de este libro, tu mente reaccionará y empezará a distinguir oportunidades donde antes no veía nada. Vuelve a leer el libro, estúdialo, ahora para actuar y aplicar el Código del Dinero a tu economía. Hagamos algo más, vamos a liarla bien liada: regala un ejemplar a personas de tu entorno a las que creas que puede hacer un gran bien y organizad juntos un grupo de estudio del libro.

Imagina reunirte con un grupo de personas que quieran compartir el estudio de esta lectura. Resulta más fácil avanzar en equipo que a solas. Si dos mentes multiplican lo que conseguirían por separado, imagina un grupo enfocado –como un rayo láser– en mejorar su relación con el dinero. Reunirse con otras personas para intercambiar diferentes puntos de vista y formas de abordar la información del libro será útil a todos.

Aunque son reuniones informales hay que fomentar que todo el mundo participe. Sugiero que la duración sea de entre una y dos horas. Se puede acordar una de las siguientes opciones:

1. Leer todos el libro de principio a fin.
2. Repartir la lectura de las secciones del libro.

Al final de la sesión, se fija una fecha para la siguiente cita. Los participantes del grupo de estudio leerán el texto y prepararán notas para exponer los puntos que deseen comentar. En las discusiones del grupo es bueno poner ejemplos personales que ilustren cómo se han aplicado los conceptos del libro para inspirar a los otros a aplicarlo.

Las reuniones pueden organizarse con regularidad. Se puede hacer en casa de cualquiera de los participantes —o bien establecer un orden de rotación— o incluso en una cafetería con un ambiente tranquilo.

Si decides formar un grupo de estudio sobre este libro, aquí tienes las pautas que te van a ayudar:

1. En la primera reunión se debería establecer el objetivo común del grupo.
2. Es aconsejable que haya un moderador en cada reunión, que no tiene por qué ser siempre la misma persona. Es útil determinar las pautas de participación.
3. Se pueden establecer «tareas», que consisten en aplicar lo que se ha aprendido durante la lectura y comentar los resultados en la siguiente reunión.
4. Los grupos de estudio del libro no tienen por qué tener una fecha de inicio y de fin. No se trata de un curso en el que recibes un diploma, sino de un proceso de aprendizaje que no termina nunca.

Para terminar, permite que te cuente una historia. He oído contar varias veces el siguiente cuento africano y creo que es tan válido allí como en nuestro continente:

«Cada mañana en África se despierta una gacela. Sabe que tiene que correr más rápido que el león más veloz si no quiere morir devorada.

Cada mañana en África se despierta un león. Sabe que tiene que correr más rápido que la más lenta de las gacelas si no quiere morir de hambre.

No importa si eres león o gacela. Cada mañana, cuando salga el sol, empieza a correr todo lo que puedas».

Ya lo has oído, seas empleado, autoempleado o emprendedor; es decir, seas un trabajador de cuello azul, blanco o dorado, cuando salga el sol... más vale empezar a correr.

¡Correr, correr, correr!

Recursos adicionales

Lectora, lector, gracias por compartir tu tiempo conmigo, para mí fue un placer acompañarte durante tu lectura.

- Si estáis interesados en nuestros programas de mejora personal, visitad la web del autor en: **www.raimonsamso.com**, para inscribirse en los seminarios:

   «Libertad financiera» (El código del dinero) • «De empleado a emprendedor» (El código del dinero) • «Cita en la cima» • «Piensa como un genio» • «Taller de Amor» «Escritura Emocional» (on line) • «Escritura Ensayo» (on line)

Diseñados para obtener más tiempo, más paz interior, más ingresos, más libertad, más satisfacción; en definitiva, más vida.

- Si estáis interesados en ampliar el contenido de este libro, visitad nuestra web temática sobre Libertad Financiera: **www.elcodigodeldinero.com**.
- Si estáis interesados en el *coaching*, **visitad nuestra web temática de** *coaching on line*: **http://areainterior.coacihinginteractive. com** donde encontrarás diversos programas de *coaching* personal, profesional y financiero.
- Si deseas que el autor participe en los eventos de tu empresa como conferenciante o como formador, contacta con **«área interior»** a través de su web.
- Si deseas más recursos (webs recomendadas con temáticas e información relacionada con el contenido de este libro) visita el apartado «Recursos» en www.raimonsamso.com
- ·Si conoces personas que están pasando por dificultades económicas, regálales un ejemplar de este libro: te lo agradecerán.

«El Código del Dinero» y **«área interior»** son marcas registradas protegidas por la ley.

Bibliografía

Allen, Robert G., *Multiple Streams of income*, Wiley.

Branson, Richard, *Hagámoslo*, ArcoPress.

Bulat, Sergio, *El arte de inventar profesiones*, Empresa Activa.

Canfield, Jack, *Los secretos del éxito*, RBA.

Cohen, Sabrina y Ligammari, Paolo, *Los amos del mundo*, Robin Book.

Ecker, T. Erv, *Los secretos de la mente Millonaria*, Ediciones Sirio.

Ferris, Timothy, *La semana laboral de cuatro horas*, RBA.

Fox, Scott, *Internet riches*, Amacom.

Friedman, Thomas, *La tierra es plana*, Martínez Roca.

Gerber, Michael, *El mito del emprendedor*, Paidós Empresa.

Gittomer, Geffrey, *El pequeño libro rojo de las ventas*, Prentice-Hall.

Hill, Napoleon, *Piense y hágase rico*, Grijalbo.

Kawasaki, Guy, *El arte de empezar*, Ilustrae.

Kiyosaki, Robert T., *Padre Rico, Padre Pobre, El cuadrante del flujo del dinero*, Alfaguara.

Martín Frías, Francisco, *El primer café de la mañana*, Gestión 2000.

Mckenna, Paul, *I can make you rich*, Bantam Press.

Moreno, Fernando, *El negocio Perfecto*, Gintonic Comunicación.

Peters, Tom, *50 claves para hacer de usted una marca*, Deusto.

Pink, Daniel, *Una nueva mente*, Ilustrae. Free Agent Nation, Business Plus.

Port, Michael, *Book Yourself solid*, Wiley.

Snow, Patrick, *Crea tu propio destino*, Ediciones Obelisco.

Tracy, Brian, *Máxima eficacia*, Urano.

Vitale, Joe, *El poder de la atracción*, Ediciones Obelisco.

Mi profundo agradecimiento a los autores citados, que han sido una referencia. Gracias a todos ellos por su «amistad» a través de sus geniales libros y que sin duda han ejercido una enorme diferencia en el desarrollo de mi profesión e influencia en este libro.

Índice

Segunda parte:
De empleado a emprendedor
(El Código del Dinero en acción)